主　编◎孙燕菁　郑志英

我们的创新拓展日

——“小小航海家”研学活动案例

同济大学出版社
TONGJI UNIVERSITY PRESS
·上海·

图书在版编目(CIP)数据

我们的创新拓展日:"小小航海家"研学活动案例 / 孙燕菁，郑志英主编. —上海：同济大学出版社，2021.12

ISBN 978-7-5765-0042-4

Ⅰ. ①我… Ⅱ. ①孙… ②郑… Ⅲ. ①航海—活动课程—小学—教学参考资料 Ⅳ. ①G622.3

中国版本图书馆 CIP 数据核字(2021)第 277528 号

我们的创新拓展日

——"小小航海家"研学活动案例

主编 孙燕菁 郑志英

策划编辑 朱爱民 **责任编辑** 任学敏 **责任校对** 徐春莲 **封面设计** 渲彩轩

出版发行 同济大学出版社 www.tongjipress.com.cn
(地址:上海市四平路 1239 号 邮编:200092 电话:021-65985622)
经 销 全国各地新华书店
排 版 南京文脉图文设计制作有限公司
印 刷 常熟市大宏印刷有限公司
开 本 787 mm×1092 mm 1/16
印 张 7
字 数 175 000
版 次 2021 年 12 月第 1 版 2021 年 12 月第 1 次印刷
书 号 ISBN 978-7-5765-0042-4

定 价 38.00 元

序一

上海市杨浦区同济小学为了满足小学生多样化学习方式的需求、激发小学生研学活动兴趣，自 2011 年开始，开展了“小小航海家”研学活动的实践探索与研究。持续 10 年的努力，取得了丰硕的成果，近日将活动案例集结出版，嘱我写一篇序言作为导读。

我认为这项实践探索与研究是有价值的，理由有以下几条。

一、探索与研究解决的是现实的问题。开展综合主题研学活动，有利于把书本知识和实践体验联系起来，拓展学习时空，激发中小学生学习活动兴趣，是当今教育中需重点关注的问题。但针对具体对象，譬如小学生，研学活动该如何开展？所涉及的研学内容、研学方式、研学场所及教师专业指导等问题该如何解决？单停留在要求和理念上，并不解决问题。可贵的是，同济小学针对这些现实的问题，坚持数十年，进行认真的探索，直至问题逐个解决。

二、选准了一个好的主题。同济小学在设计研学内容的初始选题阶段曾有几个选项，后来经过反复比较，听取专家等各方意见，也包括教育对象——学生的意见，最后选定了以探索蓝色文明——海洋为主题的“小小航海家”研学内容。他们认为该主题能满足小学生好奇心强等特点与需求；又可以借助 STEM 等教育理念，开展跨学科探究性学习；还可以根据学生的年龄与年级进行结构化的设计引导。这个研学活动的确很棒，对学生而言，主题新颖，因新奇而产生兴趣；就内容而言，各学科知识都能融入，有利于教师整合研学内容。

三、在规划综合教育主题活动时既有顶层设计，又有成结构、有序列的具体内容设计。学校从帮助学生了解“海上丝绸之路、海上信息”等相关科普知识开始，随着学生年级升高、知识面扩大，则围绕“海岸、港口、海上贸易、海上安全”等专题内容进行研学，在确保国家基本课程落地的同时，实现学生兴趣的持续激发和探究能力的不断提升。学校还采用“主题内容 + 研习单 + 活动设计”形式，确保学生群体和个体学有内容，研有收获，探索有目标，进步看得见。特别值得赞赏的是学校采用“设计—实践—调整”的行动研究方式，将基本成熟的活动案例进行研究与完善，最终形成 23 个结构完整的研学活动案例。

四、走出教室，走出学校，合作各方，让学习活动真正呈现无边界。“小小航海家”研学活动涉及海洋、气象、航海、工程、建筑、贸易、安全等多方面专业知识，单靠本校教师是很难完全承担研学任务的。同济小学为了深化研究，与同济大学海洋地质国家重点实验室、中国航海博物馆等签订合作条约，建立馆校合作研究共同体、文献资源库和专兼职教师队伍，开设客座教授讲坛等。在上海市杨浦区教育局的支持下，同济小学“遨游海洋　探秘海岸”创新实验室在同济大学深海科学馆创建，构建起各方出力、支持学生成长的新的学校样态。

同济小学在过去 10 年中，虽然换了两任校长，但实践探索一直没有停止脚步，当然取得的成效和成果也是显著的。在学生创新素养得到发展的同时，教师队伍的教学与指导活动的能力也在同步发展。多篇文章登载在《中国科技教育》等学术刊物上；由同济大学出版社出版的《我们的创新拓展日——走进海洋》9 册读本获上海市首届校外教育活动比赛一等奖，并入选上海市中小学生图书配送目录；“我们的海洋节”活动方案获上海市创新大赛一等奖……这些成果彰显了教师研究队伍日趋成熟。这项工作与研究成果也得到社会各界关注，中央电视台、中国新闻网、上海教育电视台多次展播，并向境内外各地区辐射推广。本次集结出版的《我们的创新拓展日——“小小航海家”研学活动案例》设计了“蓝色国土、海上贸易、海上航行、海上安全”4 个模块的研学内容，每个模块又分若干个主题探究活动，介绍学生走出校园，走进博物馆，开展体验式学习和研究式学习的学习生活，并设计了基于校情的研学活动手册……这一切也许会对在一线从事同样工作的老师们带来很多启迪！

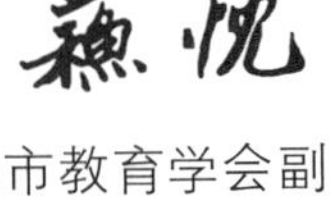

上海市教育学会副会长

序二

每一个中小学生都知道，中国是拥有 960 万平方公里国土的陆域大国。但是，我们却往往忽视了中国还是一个拥有 300 多万平方公里海域的海洋大国。

我们所在的上海港地处长江东西运输通道与海上南北运输通道的交汇点，是中国沿海的主要枢纽港。上海为打造"国际航运中心"付出了 20 多年的艰辛努力，最终实现了上海港集装箱吞吐量连续多年位居世界第一的骄人成绩。

生活在上海这样一个国际大都市、国际港口城市中，孩子们天然对海洋有着亲切感，希望了解海洋的方方面面。非常有幸，我率先拿到了同济小学孙燕菁校长牵头编撰的这本案例集，得以先行看一看"小小航海家"综合活动课是怎么开展的。

同济小学自 2011 年起，就与中国航海博物馆、同济大学深海科学馆开始了场馆深度合作，开展了"小小航海家"小学生研学活动实践研究。孙校长把老师们 10 年探索的相关主题加以归类，形成了目前这本涵盖了"蓝色国土、海上贸易、海上航行、海上安全"四部分内容的案例。

细看之下，我觉得这本案例集有以下几个特点：

一是朴实。所有的主题，每一个案例，都是老师围绕活动开展的设计，语言朴实，如实记录了活动的开展过程。

二是全面。围绕"航海"和"海洋"的主题，学校开展了语文、英语、数学、音乐、体育、美术、道德与法治、探究、科学与技术、心理、生命健康安全教育、主题班会等各学科的研学活动，真正体现了综合活动的意义。

三是有趣。每个活动，都体现了以学生的兴趣为出发点，从学生已有的知识出发，引导学生查资料、讨论、绘图设计，甚至动手制作模型。这些动手、动脑，文字表达和口头表达相结合的活动，激发了学生的兴趣。

本书出自一线教师之手，“天然去雕饰”。看似简单却是同济小学各位老师 10 年的心血付出。愿同济小学的各位老师再接再厉，形成更有份量的研究成果，也愿翻看这本书的读者有所收获。

是为序。

上海市教育科学规划领导小组办公室副主任

目录

⚓ 第三模块　海上航行 ⚓

⚓ 第四模块　海上安全 ⚓

第一模块

蓝色国土

海洋国际公约

活动概述

通过《联合国海洋法公约》产生的背景，了解《联合国海洋法公约》的基本信息、内容条款、区域权利等相关知识，明确《联合国海洋法公约》对我国的意义和影响；认识不同海域，国家享有的不同权益；了解我国海域概况，树立海洋观念，成为宣传保护海洋的小卫士。

知识链接

学科：道德与法治

活动内容：对应人民教育出版社出版的《道德与法治》（五年级上册）（2019 年版）第六单元的《日益重要的国际组织》，对《联合国海洋法公约》进行拓展探究。

国际海洋法：又称“海洋法”，是关于各种海域的法律地位和各国在各种海域从事航行、资源开发和利用、科学研究以及海洋环境保护、海洋争端的解决等方面的原则、规则和规章、制度的总称。

《联合国海洋法公约》：联合国曾召开三次海洋法会议，经第三次联合国海洋法会议长期协商讨论，1982 年签订了《联合国海洋法公约》。此公约对内水、领海、临接海域、大陆架、专属经济区、公海等重要概念作了界定。对当前全球各处的领海主权争端、海上天然资源管理、污染处理等具有重要的指导和裁决作用,成为国际海洋法中最重要的国际公约。

我国海域概况:中国海岸线总长32 000多公里(大陆岸线长18 000多公里,岛屿岸线长14 000多公里),位列世界前10名。我国海洋国土近300万平方公里,相当于陆地面积的三分之一,属于海洋大国。海域蕴藏着丰富的资源,因此,制定正确的海洋发展战略,积极开发利用海洋资源,对我国经济的可持续发展具有重要意义。

海洋生态环境现状:《2020年中国海洋生态环境状况公报》显示,我国海洋生态环境状况整体稳定。海水环境质量有所改善,典型海洋生态系统健康状况总体保持稳定,入海河流水质状况总体为轻度污染,海洋渔业水域环境质量良好。海洋功能区环境满足使用要求,赤潮、绿潮灾害面积大幅减少。公报还显示,我国近岸局部海域生态环境质量仍有待提升:部分入海河口和海湾水质仍待改善,河口海湾的生态健康状况不容乐观,陆源污染超标排放现象依然存在。

活动流程

学生活动	指导要点
活动一　了解龙虾战争及其影响 1. 了解龙虾战争的故事。 巴西和法国为争夺海中龙虾捕捞权的南大西洋冲突。 2. 了解龙虾战争的影响。 · 结果:1964年,巴西和法国达成了最终和解; · 意义:促成《联合国海洋法公约》诞生	1. 介绍我国海域概况。 2. 提示:不同国家在不同海域,使用着不同年代制定的领海标准。 3. 讲解龙虾战争促成了1982年的《联合国海洋法公约》
活动二　小组交流搜集的《联合国海洋法公约》基本信息 1. 公约的通过:第三次海洋法会议,时间最长、规模最大的国际立法会议。	1. 介绍《联合国海洋法公约》。 2. 明确《联合国海洋法公约》的意义

（续表）

学生活动	指导要点
2. 公约的内容：共 17 个部分，连同 9 个附件共 446 条。 3. 公约的生效：迄今为止最全面、最综合的管理海洋的国际公约。 4. 公约的管辖权限：1994 年生效，已获 150 多个国家批准。公约规定一国可对距其海岸线 200 海里（约 370 公里）的海域拥有经济专属权	
活动三　了解《联合国海洋法公约》对中国海洋环境保护的意义 1. 了解中国著名外交家——厉声教。 2. 思考并讨论：我国对海洋环境的保护和保全。 3. 了解我国的海洋权益维护：维护我国整体利益，积极参与海洋事务活动，切实维护我国的海洋权益和海疆安全	1. 介绍中国外交家厉声教。 2. 讲解我国海域情况和海洋生态环境
拓展活动：小组合作开展一次《联合国海洋法公约》宣传活动	

四、研习单

海洋国际公约

团队简介

团队名称：同小远洋舰队　　团队口号：扬帆远洋　爱我海洋

队会名称：扬帆远航　　组长：同同

（同同）是资料小文员：搜集《联合国海洋法公约》相关学习内容的资料，宣传海洋国际公约的条款。

(济济)是队会总策划:撰写主持稿,召集彩排。

(海海)是海报小编辑:负责公约内容有关的小报展评和宣传。

(洋洋)是出题小考官:研发和公约内容有关的考题。

创意设计　十分钟队会——扬帆远航

1. 我来讲故事:你知道龙虾战争吗?是它促成《联合国海洋法公约》诞生。
2. 我来说公约:讲解世界《联合国海洋法公约》的基本信息,明确其意义。
3. 我来介绍外交家:介绍中国外交家——厉声教。
4. 小小宣传员:你知道中国海域情况吗?呼吁大家保护海洋环境。
5. 小组 PK 赛:通过《2020 年中国海洋生态环境状况公报》,了解我国海洋生态环境状况。
6. 小报展评,推优颁奖。

我的评价

通过上面的活动,我知道了:《联合国海洋法公约》的诞生、基本信息和意义,中国的海域情况和海洋生态环境状况。

项　目	内　容	我给自己打★
知识了解	能按要求搜集信息,知晓并掌握	★★★★★
能力表达	能清晰地向大家表达自己的想法,成为宣传保护海洋的小卫士	★★★★★
合作意识	遇到问题,能与伙伴们商议并协调解决	★★★★★
探究发现	积极开发利用海洋蕴含的丰富资源	★★★★★

参考资料

[1] 联合国海洋法公约[DB/OL].[2021-07-01]. http://www.un.org/zh/documents/treaty/files/UNCLOS-1982.shtml.

设计者:王　琴

走近辽宁舰

活动概述

结合对我国航空母舰发展史的学习，了解航空母舰的作用；通过小组分工合作与讨论完成辽宁舰 3D 船模搭建，了解辽宁舰的外型特点，知道航空母舰是综合国力提升的重要标志；观察辽宁舰船模的武器配置和甲板区域划分，了解航空母舰被称为“移动的军事基地”“移动的海上机场”的原因；通过探究感悟我国海上战斗力的日益强大，激发学生爱国之情，增强民族自豪感。

知识链接

活动类别： 拓展（五年级）

活动内容： 选自我校“小小航海家”研学活动第一模块蓝色国土，对我国航空母舰——辽宁舰进行拓展探究。

航空母舰： 简称“航母”，有“海上霸主”之美称，是一种以舰载机为作战武器的大型水面舰艇，可以供舰载机起飞和降落。航空母舰是目前世界上最庞大、最复杂、威力最强的武器之一，它是一个国家综合国力的象征。因此，人们通常称航空母舰为蓝色国土。

辽宁舰： 辽宁舰是中国人民解放军海军第一艘可以搭载固定翼飞机的航空母舰，中国海军 001 型航空母舰的首舰，是在苏联库兹涅佐夫元帅级航空母舰“瓦良格”号的基础上发展而来的。

活动流程

学生活动	指导要点
活动引入:播放视频《辽宁舰》 观看:《辽宁舰》视频。 说说:我国第一艘航空母舰——辽宁舰	播放视频引出辽宁舰
活动一　模型搭建 1. 准备:组长发放模型、评分表等活动材料。 2. 了解:搭建辽宁舰船模任务要求。 (1) 根据参考图搭建辽宁舰船模; (2) 4 人一组按示意图分工合作(2 人负责搭船体,1 人负责搭建指挥中心和塔台,1 人负责组合舰载机); (3) 搭建时间:12 分钟。 3. 搭建:小组合作完成辽宁舰船模搭建。 注意辽宁舰大小、基础外型、结构和基础配置。 4. 感知:将足球场和航空母舰作比较,感知航空母舰的巨大。 5. 评价:交流与反馈	1. 提供活动材料。 2. 解读辽宁舰船模参考图。 3. 引导分组。 4. 巡视指导。 5. 引导合理评价
活动二　观察探究 1. 准备:组长发放观察记录表。 2. 观察: (1) 从上到下,从左到右观察辽宁舰的整体构造,从构造图了解武器装备(舰仓、甲板、机舱、武器配置等); (2) 重点了解辽宁舰的甲板(三个区域的划分、升降台、舰载机数量等)。 3. 了解:观察辽宁舰模型及结构图。 (1) 根据观察说一说为什么辽宁舰是一个"移动的军事基地"; (2) 根据观察说一说为什么辽宁舰是"海上机场"。 4. 感知:小组讨论,把结果填写在任务单上。 5. 评价:交流与反馈	1. 提供观察评价表。 2. 巡视指导。 3. 提炼总结辽宁舰是"移动的军事基地"和"海上机场"的知识点。 4. 引导合理评价
活动三　知史感悟 1. 准备:组长发放学习感悟单。 2. 了解:感悟历史,懂得我们国家为什么要造航空母舰,激发学生爱国之情,深刻感受祖国的强大。 3. 感知: (1) 说一说我们国家为什么要造航空母舰。 (2) 完成感悟单	1. 提供视频资料。 2. 引导交流感悟我们国家为什么要造航空母舰?加深学生对航空母舰重要事件的记忆

四 研习单

走近辽宁舰

活动准备

小组名称：舰博士小队

搜集资料方式：网上查找

航空母舰分类：现代航空母舰通常按满载排水量的大小分为大型航空母舰、中型航空母舰和小型航空母舰；按动力装置可分为核动力航空母舰和常规动力航空母舰。

航空母舰特征：攻击威力大、适航性好、防护能力强。

对辽宁舰的了解：辽宁舰是我国第一艘可以搭载固定翼飞机的航空母舰，舰型特点、尺寸、排水量、动力装置等都与苏联库兹涅佐夫元帅级航空母舰基本相同，辽宁舰上有供飞机起飞和降落的飞行甲板。

活动要求

积极参加活动，按时完成任务；

通过小组合作，能对航空母舰相关知识进行简单的描述。

活动过程

任务一：完成辽宁舰船模搭建。

模型搭建评价表

评价内容	评分标准	分值
搭建情况	船模主体、配件全部搭建完成	★★★
	船模主体搭建完成，未完成配件搭建	★★
	船模主体和配件都未完成	★

任务二：观察辽宁舰模型及结构图，说一说为什么辽宁舰是一个“移动的军事基地”和“移动的海上机场”？

要求：

(1) 从上到下，从左到右观察辽宁舰的整体构造和武器装备（舰仓、甲板、机舱、武器配置等）；

(2) 重点观察辽宁舰的甲板（三个区域的划分、升降台、舰载机数量等）；

(3) 小组讨论，把结果填写在观察评价表中。

观察评价表

问题	观察结果	评分标准	分值
观察模型详细构造图并说一说	我观察到辽宁舰上有舰载机、通信设备、指挥中心、全方位攻防、强大的后勤物资保障等，所以我认为辽宁舰是“移动的军事基地”	能完整说出“移动的军事基地”的要素	★★★
		比较准确描述“移动的军事基地”的要素	★★
		未能准确表达“移动的军事基地”的要素	★
重点观察辽宁舰甲板并说一说	我观察到辽宁舰的甲板上有起飞区、降落区、停泊区、起飞点，所以我认为辽宁舰是“移动的海上机场”	能准确说出“移动的海上机场”的要素	★★★
		比较准确描述“移动的海上机场”的要素	★★
		未能准确表达“移动的海上机场”的要素	★

设计者：倪　虹

我是小海军

活动概述

在“我是小海军”的军旅歌曲拓展活动中，开展体验用音乐准确表达作者所传递的思想情感的实践意义探究，了解歌曲可以用来表达军人雄壮威武的气势等某一时刻的状态，知道不同类型的歌曲有着不同的功能。通过“我是小海军”音乐教学深化国防教育，了解海军基本知识、中国海军的历史以及中国海军近年来取得的卓越成果，培养学生对中国海军的崇敬热爱之情，激发爱国精神和民族自豪感。

知识链接

学科：音乐

活动内容：对上海音乐出版社《音乐》(三年级第一学期)第五单元的《义勇军进行曲》进行探究学习。

《义勇军进行曲》：《义勇军进行曲》是中华人民共和国国歌，是诞生于中华民族遭受日本侵略的生死存亡危急关头的歌曲，原为上海电通影片公司1935年拍摄的电影《风云儿女》的主题歌，由田汉作词、聂耳作曲。在抗日战争的烽火中，它传遍大江南北、长城内外，成为中国各民族人民反抗日本侵略者的高昂战歌，鼓舞了无数中华儿女用自己的血肉筑成了万众一心、团结抗敌的新长城。

中国海军：中国海军是中华人民共和国的海上武装力量，是中国人民解放军的海上军种。中国人民解放军海军以舰艇部队和海军航空兵为主体，其主要任务是独立或协同陆军、空军防御敌人从海上的入侵，保卫领海主权，维护海洋权益。其作战部队，除了海军总部直辖外，分布于北海、东海、南海三支舰队中。海军是海上作战的主力，具有在水面、水下、空中作战的能力。

活动流程

学生活动	指导要点
活动一　演唱歌曲《义勇军进行曲》 1. 齐唱：《义勇军进行曲》。 2. 理解："把我们的血肉，筑成我们新的长城"这句歌词表达的意义。 3. 交流：当代我国保卫祖国的军事力量	1. 解释："把我们的血肉，筑成我们新的长城"这句歌词表达的意义。 2. 提问：当代我国有哪些保卫祖国的军事力量
活动二　搜集资料 第一组：搜集歌颂海军的歌曲。 第二组：查找辽宁舰的介绍视频，了解我国建造航空母舰的目的。 第三组：了解海军基地和任务。 第四组：查找海军军舰图片以及武器装备	引导：小组分工、搜集资料
活动三　展示分享 1. 分享：中国海军图片，模仿海军英姿飒爽的形象。 2. 观看：辽宁舰介绍视频、海上演习时海军出海视频。 ・了解我国建造航空母舰的目的； ・了解海军捍卫祖国的英勇善战场面。 3. 欣赏：《军港之夜》《中国海军陆战队之歌》《我是小海军》三首歌颂海军的歌曲。 4. 交流：自己喜欢的一首歌颂海军的歌曲	1. 提示：在观看视频时，注意观察中国海军英姿飒爽的形象。 2. 引导：说出喜欢中国海军的理由

(续表)

学生活动	指导要点
活动四　学唱《我是小海军》 1. 观看:展示海军站军姿和训练演习画面的 PPT。 · 观察海军在干什么; · 边看边模仿海军动作; · 比一比,谁学得像。 2. 学唱: · 聆听:歌曲《我是小海军》; · 说说:歌词里唱了些什么; · 唱唱:跟着伴奏音乐轻声唱一遍; · 对唱:师生对唱,熟悉歌词内容。 3. 比一比,赛一赛: · 了解比赛要求 男女生对唱要求:边唱边模仿海军站军姿和训练演习时的各种动作,看谁的动作最能表现海军英姿飒爽的形象。 分组演唱要求:团队合作表现海军在军舰或航空母舰上战备时的壮观场面。 · 分组展示 第一轮:男生 PK 女生; 第二轮:A 组 PK B 组。 · 评选方式:用师生互评、生生互评的方式评选出优胜者和优胜小组	1. 提示:活动中运用不同的演唱和表演形式,感受歌曲的情绪以及海军英姿飒爽的形象。 2. 引导:说出歌词内容,加深对歌词的印象。 3. 提示:遵循 PK 唱的规则开展评选

四 研习单

我是小海军

团队简介

团队名称:激流勇进　团队口号:奋发向上,勇往直前

组别:第 6 组　　　　组长:音音

(轩轩)是信息搜集师:搜集中国海军的资料并制作汇报 PPT。

(月月)是小小音乐师:搜集音乐资料并制作歌曲演唱 PPT。

(乐乐)是海军历史探究师:将音乐和海军的相关资料整理并制作成 PPT。

创意设计　我是小海军

海军的形象:高大威武,英姿飒爽。

海军的作用:独立或协同陆军、空军防御敌人从海上的入侵,保卫领海主权,维护海洋权益。

海军的贡献:维护国家主权安全和海洋权益。

海军的歌曲:《军港之夜》《中国海军陆战队之歌》《我是小海军》等。

我的评价

通过上面的活动我知道了:中国海军以舰艇部队和海军航空兵为主体,其主要任务是独立或协同陆军、空军防御敌人从海上的入侵,保卫领海主权,维护海洋权益。

项　目	内　容	我给自己打★
海军军事的了解	中国海军是中华人民共和国的海上武装力量,中国人民解放军的海上军种	★★★★★
合作意识	能与伙伴一起查找相关资料	★★★★★
探究与发现	欣赏了歌颂海军的歌曲	★★★★★

设计者:许立彦

未来的海底世界

活动概述

通过参观中国航海博物馆的展品，观看视频、录像及图片等方式，了解与海底生物及环境有关的知识，创设可爱动物(Cute Animals)的语境，拓展与提升英语词汇运用能力；让学生在动手设计未来海底世界的过程中，了解海洋生物的相关知识和海洋污染带来的灾难，培养学生热爱海洋、保护海洋的情感，树立生态环保意识。

知识链接

学科：英语

活动内容：对应上海世纪出版股份有限公司、上海市教育出版社出版的《英语》牛津上海版(四年级第二学期)试用本(2010年1月第2版)第二模块第二单元(Module 2 My favourite things Unit 2 Cute Animals)，对海底世界进行拓展探究。

海底世界：海底是一个五彩缤纷的世界，尽是各式各样的珊瑚丛，各种各样的贝壳、软体类动物散布在柔软的沙滩上，将海底装扮得如花园一般。海底的上方飘荡着各种各样的水母，恰似仙女撒下的朵朵鲜花。浅海生物沐浴在光亮温暖的海水中，奇妙的小鱼漫游在绚丽的珊瑚丛中，奇异可爱的贝类、海星、水母以及各种颜色的海草，在波浪涌动下翩翩起舞，构成一幅美丽而迷人的图画。

活动流程

学生活动	指导要点
活动一　观看视频(Watch a video)《海底世界》 1. 观看《海底世界》纪录片视频片段。 2. 说说：看到的“海底景象”。 3. 讨论：造成海洋污染的主要原因是什么	1. 提示：观看视频，关注“海底景象”。 2. 小结：造成海洋污染的主要原因
活动二　小组讨论(Group Work) 1. 提出问题：海底世界在未来会变得怎么样？ 2. 分组讨论：海底世界在未来会变得怎么样？ 3. 讨论汇报，分组展示：尝试运用已学核心词汇和核心句型交流	1. 提示：小组讨论注意事项。 2. 小结：未来海底世界的景象
活动三　设计一份中英文版“未来的海底世界”小报 1. 说说：设计意图。 2. 设计：绘制草图。 3. 读读：小报。 4. 展示：评选最佳中英文版“未来的海底世界”小报。 (1) 主题鲜明，立意新颖，中心思想突出。 (2) 草图题目有新意，中英文内容正确，有内涵。 (3) 内容丰富，紧扣“未来的海底世界”内容。 (4) 版面设计合理，整洁大方。 (5) 书写工整，中英文匹配，无错别字	1. 提示：明确组员任务。 2. 纠正读音。 3. 提示评选要求。 4. 小结：保护海洋生物多样性，人与自然和谐共生
拓展活动(Assignment)：开展《海底两万里》读书会	

四 研习单

小小设计师

团队简介

团队名称：A little designer　　团队口号：We love our sea.

小报的名称：Future underwater world　　组长：Miss Fang

(Mary)是信息搜集师：搜集各项资料并记录，制作汇报的海报。

(Peter)是科学探究师：探究未来海底世界带给人类的益处。

(Eric)是小小倡议员：提出人类保护海洋的倡议措施。

(Lisa)是小小设计师：设计未来海底世界，绘制草图。

创意设计

小报的类型：平面图形、立体图形均可。

小报的材料：打印机、16 开纸、铅笔、彩笔、塑料纸等不限。

我们的设计意图：宣传“保护海洋生物多样性，人与自然和谐共生”。

我们组设计的小报：用”√“表示是否符合以下的要求。

(√)(1) 主题鲜明，立意新颖，中心思想突出。

(√)(2) 草图题目有新意，中英文内容正确，有内涵。

(√)(3) 内容丰富，紧扣“未来的海底世界”内容。

(√)(4) 版面设计合理，整洁大方。

(√)(5) 书写工整，中英文匹配，无错别字。

我的评价

通过上面的设计我知道了：海洋生物相关的英语词汇，理解、体会和认知了人与自然和谐共生的精髓。

项　目	内　容	我给自己打★
规则意识	按步骤有序操作，有序作图，一一对应，标识对应的英语词汇、句型	★★★★★★
合作意识	在制作过程中，能各司其职，团结协作。面对困难，积极思考，寻求解决困难的策略，达成共识	★★★★★★
设计与制作	迷人的海底世界(中英文匹配)	★★★★★★
	人类与海洋共处（我的倡议）	★★★★★★
	整体布局合理、想象力丰富	★★★★★★
感悟和体会	保护海洋生物多样性，人与自然和谐共生	★★★★★★

设计者：张小芳

美丽的珊瑚

活动概述

通过制作珊瑚画报，帮助学生理解《富饶的西沙群岛》一文中的“海底的岩石上生长着各种各样的珊瑚，有的像绽开的花朵，有的像分枝的鹿角”这句话，从而对珊瑚有更全面、更深刻的了解，满足学生对珊瑚的生长环境、色彩斑斓原因的好奇心，引导学生学会欣赏珊瑚的独特美，激发对海洋环境的保护意识，培养热爱生命、敬畏自然的情感。

知识链接

学科：语文

活动内容：对应人民教育出版社出版的《语文》(三年级第二学期)(2019 年版)第六单元的《富饶的西沙群岛》，对珊瑚进行拓展探究。

珊瑚：地球上最古老的海洋生物，五亿年前就出现了。生物学观点认为，珊瑚是动物，是由无数微小的珊瑚虫聚集形成。珊瑚虫是一种腔肠动物，它个头很小，往往只有几毫米，体态玲珑，色泽美丽，十分娇气，只能生活在常年水温保持在 22 ℃～28 ℃的水域。水质必须洁净、透明度高，阳光照射充足，退潮时珊瑚虫不能长时间暴露在水面之上，只有满足这些条件，珊瑚虫才能繁茂生长。

珊瑚礁：海洋是生物种类最多、生物量最丰富的生态系统，有着重要的生态价值和经济价值。珊瑚礁对于维持生态平衡、渔业资源再生、生态旅游观光和海洋药物开发及保护海岸线等至关重要。珊瑚礁面临着各种威胁:(1)大气二氧化碳浓度升高,引起全球升温,海洋酸化,给珊瑚礁带来危害;(2)沿岸开发、污染、富营养化等,造成珊瑚礁退化、覆盖率降低甚至毁灭;(3)台风、海啸等短时、急性的因素也会对珊瑚礁造成暂时的破坏,但这种情况下的珊瑚易于恢复。

活动流程

学生活动	指导要点
活动一　搜集整理珊瑚资料 1. 根据兴趣,自由分组。 2. 筛选并整理感兴趣的资料。 3. 珊瑚分类:红珊瑚、冷水珊瑚、白珊瑚等。 4. 了解珊瑚的价值	1. 引入:海底的岩石上生长着各种各样的珊瑚,西沙群岛的珊瑚有哪些种类呢? 2. 提示:分类整理资料。 3. 指导:小组分工
活动二　制作珊瑚画报 1. 观察《好儿童画报》,讨论制作画报的要素。 2. 制作:小组合作完成珊瑚画报。 (1) 确定珊瑚画报主题。 (2) 完成珊瑚画报计划表。 (3) 核查材料,分工完成画报。 3. 展示:珊瑚画报。 (1) 小组长介绍本组画报。 (2) 参观其他小组画报。 (3) 根据他人建议进行修改。 4. 评选:最佳珊瑚画报	1. 提供材料:彩纸、剪刀、珊瑚图片、固体胶、水彩笔、订书机。 2. 指导:小组合作时,计划要细化,分工要明确。 3. 提示评选条件:要素齐全、排版合理、色彩丰富、美观实用等
活动三　如何保护珊瑚 1. 观看:《大堡礁珊瑚白化死亡全过程》视频,了解珊瑚面临的环境问题。 2. 讨论:如何保护珊瑚赖以生存的海洋? 3. 实施:我能为海洋环保做些什么	1. 提示:我国涉及珊瑚环境保护的法律。 2. 指导:保护海洋环境策略

研习单

美丽的珊瑚

红珊瑚画报设计			
画报名称	红珊瑚画报	画报页数	4
小组名称	红珊瑚小组	小组长	盈盈
成员分工	制作者：盈盈、依依、祺祺、诚诚		
	封面：盈盈		
	内页 1：依依		
	内页 2：祺祺		
	封底：诚诚		
红珊瑚画报	 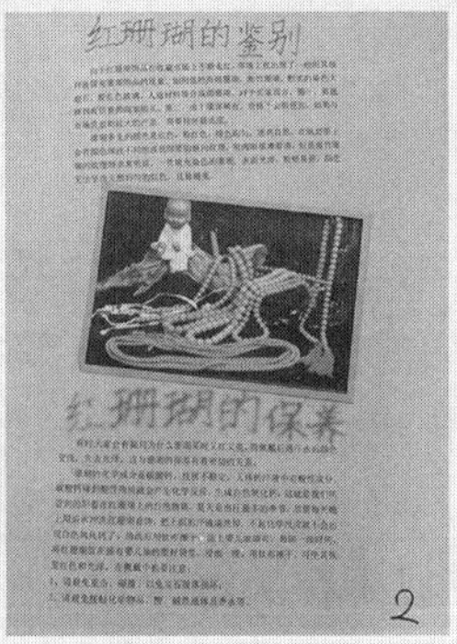 		

我的评价

通过上面的拓展活动我知道了：制作画报要素、如何保护海洋环境等。

项　目	内　容	我给自己打★
安全意识	使用剪刀、订书机时注意安全	★★★★★
合作意识	在制作画报时，能主动承担力所能及的工作，帮助小组成员解决困难	★★★★★
制作的珊瑚画报	要素齐全	★★★★★
	设计合理	★★★★★
	美观实用	★★★★★

参考资料

[1] 潘春花.浅谈小学语文课程中海洋文化资源的开发和利用[J].中小学电教：下，2008(11)：216.

设计者：王亚楠

守护蔚蓝星球

活动概述

了解海洋日的由来，探究海洋与人类的关系、海洋环境的污染及生态破坏原因，探寻保护海洋环境的对策；在动手制作小报的过程中，树立海洋意识和保护海洋环境的意识。

知识链接

活动类别： 主题班会（四年级）

活动内容： 对应海洋日主题队会进行拓展探究。

海洋环境： 地球上连续的海和洋的总水域，包括海水、溶解和悬浮于海水中的物质、海底沉积物和海洋生物，是生命的摇篮和人类的资源宝库。随着人类开发海洋资源的规模日益扩大，海洋环境已受到人类活动的影响和污染。从小就必须有保护环境的意识。

海洋能源： 通常指海洋中所蕴藏的可再生自然能源，主要包括潮汐能、波浪能、海流能（潮流能）、海水温差能和海水盐差能。更广义的海洋能源还包括海洋上空的风能、海洋表面的太阳能以及海洋生物质能等。按储存形式分，海洋能源又可分为机械能、热能和化学能。其中，潮汐能、海流能和波浪能为机械能，海水温差能为热能，海水盐差能为化学能。海洋能源是一种具有巨大能量的可再生能源，而且清洁无污染，但地域性强，能量密度低。

活动流程

学生活动	指导要点
活动一　了解世界海洋日的由来 1. 观看：世界海洋日的新闻。 2. 思考：世界海洋日设定在哪一天？今年的主题是什么？ 3. 交流：对世界海洋日的了解	小结：设立世界海洋日的原因、目的和历年主题
活动二　探究海洋与人类的关系 小队上台汇报搜集到的资料——海洋资源 1. 了解：什么是海洋？ 地球上的四大洋——太平洋、大西洋、印度洋和北冰洋 2. 介绍：海洋资源。 · 矿产资源 · 生物资源 · 能源 3. 介绍：海洋如何调节气候	小结：海洋与人类的生活息息相关
活动三　探究海洋环境污染及生态破坏原因 小队上台汇报搜集到的资料——海洋污染 1. 交流：海洋污染主要影响因素。 2. 思考：海洋污染物的来源。 3. 交流：海洋污染的危害	小结：海洋污染对人类的危害极大，严控海洋污染源
活动四　提出海洋环境保护建议 1. 交流：针对海洋污染物的来源，有哪些保护的建议？ 2. 编写：保护海洋的宣传口号。 3. 制作：一张海洋日小报	提示：小报制作主要步骤。 小结：人人树立保护海洋环境的意识

四 研习单

海洋小卫士

团队简介

团队名称：地球之心　　　　团队口号：拥抱蓝色海洋，珍爱生命摇篮

团队队标：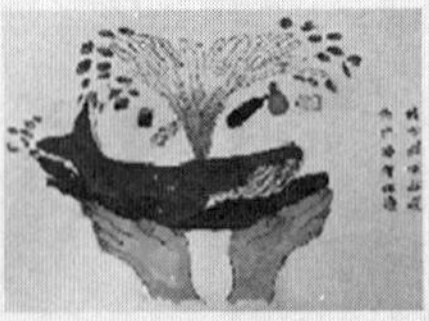　　　　组长：冉冉

(铭铭)是海洋观察员：搜集有关海洋与人类生活息息相关的资料。

(莹莹)是海洋研究员：搜集整理海洋污染的来源与危害。

(雯雯)是海洋守护者：制定海洋环境保护的对策。

(冉冉)是海洋代言人：制作海洋环境保护宣传口号和小报。

创意设计

我们的设计意图：唤起海洋意识，认识海洋，拥抱海洋，感恩海洋，善待海洋。

海洋日的由来：2008 年 12 月 5 日第 63 届联合国大会通过第 111 号决议，决定自 2009 年起，每年的 6 月 8 日为“世界海洋日”。

海洋与人类的关系：海洋与人类的生活息息相关。

海洋环境污染的来源与危害：人类向海洋排放的污染物正在威胁着人类自身的安全与健康，威胁到野生动物的繁衍生息。

保护海洋环境的对策：坚持科学发展，构建和谐海洋。

宣传口号：拥抱蓝色海洋，珍爱生命摇篮。

我的评价

通过上面的活动我知道了：海洋日的由来，海洋与人类的关系，海洋污染的来源及危害，明白了要从小树立海洋保护意识，认识海洋，拥抱海洋，感恩海洋，善待海洋。

项　目	内　容	我给自己打★
查找能力	能根据主题，迅速、全面查找到有关资料	★★★★★
编辑能力	在相关资料中撷取有用信息，合理编辑	★★★★★
合作意识	在探究制作过程中，能与小组其他成员协作解决遇到的困难	★★★★★
设计与制作（宣传小报）	主题鲜明	★★★★★
	版面布局合理	★★★★★
	图文并茂	★★★★★

设计者：倪志平

深海空间站

活动概述

通过“深海空间站”主题探究活动，让学生知道海底蕴藏着丰富的资源，认识海洋与人类的关系，知道深海空间站项目有助于中国在未来更好地贯彻海洋强国战略，激发学生对神秘海底的探究欲望。

知识链接

活动类别： 主题班会（四年级）

活动内容： “深海空间站”探秘

深海移动工作站：

主要用于海洋科学探索，被喻为海洋里的“天宫一号”。深海空间站，外形类似一艘小型潜艇，250 吨级，长度在 22 米左右，宽度接近 7 米，高度在 8 米左右。未来的空间站，就好比把地面的房间搬到了水下，在狭小的空间内尽可能把各种功能都考虑到。2012 年 5 月 23 日，“深海空间站”——小型深海移动工作站模型在北京科技博览会上首次亮相。

（1）**结构特点：** 该工作站外形类似一艘小型潜艇，但工作潜深远大于一般的军用潜艇，可达 1 500 米；采用电池动力，可在水下连续工作 15～18 昼夜，水下航速 4 节，最大载员 12 人，正常排水量 250 吨，长 24 米，可携带多种水下机器人（ROV）、大型多功能作业机械手、重型水下起吊装置等。

（2）**主要作用：** 该工作站研制成功后，可为中国深水油气田开发、海洋观测网络建设与运行维护、海洋科学研究提供深海作业装备。它将与水面平台(6 000 吨级母船,可拖带工作站,支持其长期水下作业)、穿梭式多功能载人潜水器(往返于工作站与母船之间,具备输送、维修、通信、救生等功能)构成"一主两辅"的三元深海作业体系。

深海技术也涉及国防。不管是攻击还是防御,都可利用海底基地扩大探测能力。深潜科技能力的发展对国防有很大好处。未来若能在 1 000 米、2 000 米的深海开发旅游项目,则深海空间站发展前景将更为广阔。

活动流程

学生活动	指导要点
活动一　神话故事——上天入海 1. 交流:神话人物哪吒。 2. 观看:《上天入海》视频。 3. 说说:哪吒是怎样入海的? 4. 讨论:神话人物为什么要"入海"? 5. 说说:海底宝藏。 • 生物资源:鱼类、贝类、藻类等; • 矿产资源:海底石油和天然气等; • 化学资源:氯化钠、镁、溴、碘、钾、金、铀等	1. 出示图片。 2. 引导学生交流海底宝藏,引出海洋资源的丰富
活动二　探究人类"入海"方式 1. 说说:人类入海探宝方式与方法。 2. 了解:人类利用海洋空间的方式。 • 海洋渔业生产、海洋渔业资源开发; • 海底油气的开发; • 海洋运输和港口建设; • 海洋发电; • ……	1. 鼓励学生讨论交流人类入海探宝的经历。 2. 交流海洋运输的历史

（续表）

学生活动	指导要点
活动三　探究深海空间站 1. 猜猜：“海上龙宫”是什么？ 2. 观看：中国首个“龙宫”。 3. 了解：深海空间站的作用。 • 开发深水油气田； • 海洋观测网络建设； • 为海洋科学研究提供深海作业装备； • 穿梭式多功能载人潜水器（往返于工作站与母船之间，具备输送、维修、通信、救生等功能）； • ……	1. 交流“海上龙宫”的名称来历。 2. 提出问题： （1）我国首个深海空间站的名称？ （2）深海空间站的优势是什么？ （3）观看视频，了解我国首个实用型深海移动工作站龙宫的工作情况。 4. 小结：深海移动工作站，未来就相当于载人航天领域的实验室天宫，也是未来深海工作站的雏形，为科学家提供海洋突发事件和长时间序列研究的海量数据，预测地震、海底火山喷发等参数变化
活动四　设计未来深海空间站 1. 交流：设计未来深海空间站。 2. 讨论：深海空间站潜力。 3. 设计：深海空间站具备哪些功能。 4. 制作：未来深海空间站设计图。 5. 评比：最佳创意设计	小结：深海空间站意义重大，有助于中国在未来更好地贯彻海洋强国战略。我们大胆设计深海空间站，让其能帮助人类实现更多美好的夙愿
拓展活动：探究如何将“海洋空间”开辟为适于人类生存的第二家园	

四 研习单

走近深海空间站

团队简介

团队名称：爱海小博士　　　团队口号：蓝色海洋我的家

(平平)是信息搜集师:搜集深海空间站的资料,制作汇报的海报。

(洋洋)是科学探究师:探究深海生物是靠什么能源生存。

(天天)是工程建筑师:初探深海空间站的构造。

创意设计

设计意图:走近深海、善待海洋

保护海洋环境的对策:坚持科学发展,构建和谐海洋。

我的爱海心愿:在海洋居住不再是遥不可及的梦想,它将成为适于人类生存的第二家园。

我的评价

通过学习,我知道了:人类对深海的认识深度还不如对月球表面的认识。在深海开展科学研究,将大大加深人类对海洋乃至地球的认识。中国打造深海空间站,在不久的将来,我们会设计出更适合人类居住的"龙宫"。

项　目	内　容	我给自己打★
资料搜集能力	能根据主题,迅速、全面查找到有关资料	★★★★★
编辑能力	在相关资料中撷取有用信息,合理编辑	★★★★★
合作意识	在探究制作过程中,能与小组其他成员协作解决遇到的困难	★★★★★

设计者:潘　静

第二模块

海上贸易

小小中国海运航线规划师

活动概述

结合数学二年级上册中的乘法、除法和有余数除法的计算知识，通过动手绘制中国海运航线游戏图，了解中国海运航路有关知识；提升有余数除法知识运用能力；在中国海运航线游戏中，感知游戏与数学整合的魅力，体会“做”的成功和“玩”的乐趣，培养学生规则意识和合作精神。

知识链接

学科：数学

活动内容：对应少年儿童出版社出版的《数学》(二年级上册)(2017 年版)第四单元的《乘法、除法(二)》，对有余数除法的计算进行拓展探究。

中国海运航线：中国海运航线分为近洋航线和远洋航线。近洋航线包括港澳线、新马线、暹罗湾线、科伦坡线、孟加拉湾线、菲律宾线、印度尼西亚线、澳大利亚新西兰线、巴布亚新几内亚线、日本线、韩国线和波斯湾线；远洋航线包括地中海线、西北欧线、美国加拿大线和南美洲西岸线。

活动流程

学生活动	指导要点
活动一　了解中国海运航线 活动材料：介绍中国海运航线的视频。 活动步骤： 1. 观看中国海运航线的视频。 2. 了解中国海运航线分类	提示：近洋航线为港澳线所经过的重要港口
活动二　绘制中国海运航线游戏图 活动材料：黑白中国航海图、铅笔、橡皮、小圆片。 活动步骤： 1. 依据港口画小圆圈。 2. 在航海路线的小圆圈内标数	提示： 1. 画出小圆圈。 2. 小圆圈内标注除 0 外的 40 以内的数
活动三　美化创意中国海运航线图 活动材料：中国航海游戏图草图、彩色笔、学习单。 活动步骤： 1. 上色美化中国航海游戏图。 2. 依据航海路线特点创意美化。 3. 秀秀中国航海图	提示： 1. 近洋航线用不同颜色表示。 2. 可创意美化
活动四　玩转中国海运航线游戏图 活动材料：自制中国海运航线游戏图彩图、教材配套用的骰子、小红花。 活动步骤： 1. 进行剪刀石头布游戏，胜者确定航线、起点和终点。 2. 遨游中国海运航线。 (1) 掷骰子，骰子上的数为除数，所在格上的数为被除数，余数是几就进几格。 (2) 被除数小于除数时，后退一格。 (3) 先到达终点或中途到达重要港口的为胜者。 3. 评选最文明的中国海运航线遨游者	提示： 1. 提示游戏规则。 2. 提示评选要求。 • 胜者奖励小红花； • 小红花朵数最多者为“最文明的中国航海遨游者”
拓展活动：组建小组，设计世界海运航线游戏图	

四 研习单

小小规划师

团队简介

团队名称：小小规划师　　　　团队口号：共创文明　遨游航海

图的名称：中国海运航线游戏图　　　　组长：翔翔

(和和)是搜集中国航海图信息者：搜集中国航海路线资料，记录图片和信息。

(美美)是科创中国航海图设计者：设计科学有序、清晰的中国海运航线图。

(创创)是美化中国航海图创意者：创意美化中国海运航线图，凸显中国航海路线的作用。

(明明)是玩转中国海运航线裁判者：按照规则公平裁判，小红花最多的为胜者。

创意设计

图的类型：平面图形

材料：打印机、16 开纸、铅笔、彩色笔，小圆片。

我们组设计的中国海航线游戏图：(用√或×表示)

(√)简单，易学。

(√)材料少，可游戏。

(√)既了解了中国海运航线有关知识，又提升了有余数除法知识运用能力。

我们组在游戏中的表现：(用√或×表示)

(√)遵守游戏规则。

(√)与伙伴协作解决遇到的困难。

我的评价

通过上面的活动我知道了：学习有方法、游戏有规则。

项　目	内　容	我给自己打★
规则意识	按步骤和要求有序操作、游戏	★★★★★
合作意识	能与伙伴协作解决遇到的困难	★★★★★
探究与发现	游戏中蕴藏独特的艺术创造和有趣的数学计算	★★★★★
规划与制作	使用材料少	★★★★★
	简洁，易懂	★★★★★
	易操作，有趣味	★★★★★
	整体布局合理	★★★★★

设计者：朱瑞瑾

小小世界海运航线设计师

活动目标

了解世界主要海运航线图，结合沪教版数学二年级下册中的《东南西北》的方位知识，通过识别东西南北方位，知道地图上的方向；知道走一个路段的含义；能根据指定路线找到目的地；掌握路线描绘的正确方法，从而让学生基本掌握当前世界主要海运航线图。设计"画一画"活动，利用记忆复述和再现的方式，便于学生掌握方位知识和海运航线图知识，在活动中感知数学与航海之间的密切联系。

知识链接

学科： 数学

活动内容： 对应上海教育出版社出版的《数学》(二年级第二学期)(2017年版)第六单元的《东南西北》内容，对"海上航运"进行拓展探究。

世界主要海运航线： 世界主要有四大海运航线，分别是太平洋航线、大西洋航线、印度洋航线和世界集装箱海运干线。

太平洋航线包括：①远东—北美西海岸航线；②远东—加勒比海，北美东海岸航线；③远东—南美西海岸航线；④远东—东南亚航线；⑤远东—澳大利亚，新西兰航线；⑥澳、新—北美东西海岸航线。

大西洋航线：①西北欧—北美东海岸航线；②西北欧，北美东海岸—加勒比航线；③西北欧，北美东海岸—地中海，苏伊士运河—亚太航线；④西北欧，地中海—南美东海岸航线；⑤西北欧，北美东海—好望角，远东航线；⑥南美东海—好望角—远东航线。

印度洋航线：①波斯湾—好望角—西欧，北美航线；②波斯湾—东南亚—日本航线；③波斯湾—苏伊士运河—地中海—西欧，北美航线。

世界集装箱海运干线：①远东—北美航线；②北美—欧洲，地中海航线；③欧洲，地中海—远东航线；④远东—澳大利亚航线；⑤澳大利亚、新西兰—北美航线；⑥欧洲、地中海—西非、南非航线。

活动流程

学生活动	指导要点
活动一　了解世界海运航线的形成 活动材料：各类进口商品图片、海运航线形成因素知识卡。 活动步骤： 1. 自由讨论进口商品如何进入国内？有没有固定路线？ 2. 归纳总结世界海运航线形成的可能因素	提示： 1. 设疑：由各类进口商品激发学生求知欲——通过怎样的路线运到国内。 2. 讨论后，发放知识卡，帮助学生了解海运航线形成因素
活动二　了解世界海运航线 活动材料：介绍世界海运航线的视频。 活动步骤： 1. 观看介绍世界海运航线的视频。 2. 了解世界海运航线主要有四大航线，分别是：太平洋航线、大西洋航线、印度洋航线和世界集装箱海运干线。 3. 了解太平洋航线： (1) 远东—北美西海岸航线； (2) 远东—加勒比海、北美东海岸航线； (3) 远东—南美西海岸航线； (4) 远东—东南亚航线； (5) 远东—澳大利亚，新西兰航线； (6) 澳、新—北美东西海岸航线	提示： 1. 太平洋航线所包含的航线有哪几条？ 2. 选择一条感兴趣的航线了解它所经过的主要港口

（续表）

<table>
<tr><th>学生活动</th><th>指导要点</th></tr>
<tr><td>活动三　绘制世界海运航线——太平洋航线
活动材料：世界地图、地标旗帜、毛线、活动单、手表。
活动步骤：
1. 在活动单上填写太平洋航线所包含的6条海运航线。
2. 寻找所选航线所经过的重要港口，摆上地标旗帜，并填入活动单对应的位置。
3. 将毛线沿着每条海运航线的地标旗帜摆上，形成海运航线图。
4. 评选最佳航线图</td><td>1. 提示：选择自己喜欢的一条航线（港口城市数量不作要求，大致描绘出海运航线即可）。
2. 提供：学生所选航线的相应地图。
3. 提示：完成时间最短、绘制最为准确的为最佳航线图</td></tr>
<tr><td colspan="2">拓展活动：开展世界海运航线知识大接龙游戏。将相关资料发放给感兴趣的学生，组成比拼小组，每组第一名同学说一个航线知识，接下来小组其他学生接龙补充其他航线知识。航线知识说得又准确又多的小组，即为“航线知识之星”</td></tr>
</table>

四 研习单

小小绘图师

团队简介

团队名称：航线探索队　　　口号：最佳航线在我手

成员姓名：海海、运运、航航、线线　　　组长：海海

（海海）是信息填写员：将团队搜集的信息填写到活动单上。

（运运）是旗帜摆放员：确定航线的重要港口后，将地标旗帜摆放在相应位置。

（航航）是线路绘制员：将毛线固定在重要港口的地标旗帜上，形成航线图。

（线线）是时间记录员：记录每一个步骤所用的时间，并算出总时间。

活动学习单

世界主要海运航线——太平洋航线。

太平洋航线所包含的6条海运航线：

(1) 远东—北美西海岸航线；

(2) 远东—加勒比海、北美东海岸航线；

(3) 远东—南美西海岸航线；

(4) 远东—东南亚航线；

(5) 远东—澳大利亚，新西兰航线；

(6) 澳、新—北美东西海岸航线。

我选择：远东—东南亚各港航线。

选择航线所经过的重要港口：日本、韩国、朝鲜、俄国远东及中国各港西南行至东南亚各国港口。

寻找所有港口所用时间：10分钟；　　摆放旗帜所用时间：2分钟。

绘制航线所用时间：3分钟。

所用时间总和：15分钟。

我的评价

通过上面的活动我知道了：世界海运航线形成的因素是多样的，港口城市是连接航线的纽带。只有团结合作，遵守规则才能高效完成任务。

项　目	内　容	我给自己打★
规则意识	按步骤有序操作	★★★★★
合作意识	在活动过程中，能与小组协作解决遇到的困难	★★★★★
探究与发现	航线的确定与自然环境、港口、货运、技术等因素都有关	★★★★★
绘制的海运航线图	港口寻找准确	★★★★★
	所用时间短	★★★★★
	海运航线图绘制准确	★★★★★

参考资料

[1]“海洋梦”系列丛书编委会.海立云垂:海洋工程与海港[M].合肥:合肥工业大学出版社,2015.

设计者:穆田云

我是小小港口“理货员”

活动概述

结合《数学》（四年级上册）中的“吨的认识”和“折线统计图”的知识，让学生绘制上海近十年的港口吞吐量折线图；通过“港口交易小市场”的活动，理解什么是港口吞吐量，感受港口业在我国经济发展中的基础作用、支撑作用和先导作用。

知识链接

学科：数学

活动内容：对应少年儿童出版社出版的《数学》（四年级上册）（2020 年版）第二单元“数与量”中的“吨的认识”和第三单元“统计”中的“折线统计图”，对上海目前主要港口的货物吞吐量进行拓展探究。

上海港：上海港（Shanghai Port），是中国上海市港口，位于中国大陆海岸线中部、长江入海口处，前通中国南北沿海和世界大洋，后贯长江流域和江浙皖内河、太湖流域。海港水域方位为长江上海段和杭州湾北岸水域、黄浦江水域、洋山港水域以及长江口外的长江口锚地水域、绿华山锚地水域。上海港主要划分为：外高桥港区、宝山港区、黄浦江下游港区、黄浦区中游港区、黄浦江上游港区、金山及漕河泾化工港区、洋山港区、崇明港区、崇明三岛港区和临港新港港区。

港口吞吐量： 港口吞吐量是经由水运进出港区范围，并经过装卸的货物数量，包括邮件及办理托运手续的行李、包裹以及补给运输船舶的燃料、物料和淡水。按货物流向，分为进口吞吐量和出口吞吐量；按货物交易性质，分为外贸货物吞吐量和国内贸易货物吞吐量。

活动流程

学生活动	指导要点
活动一　绘制吞吐量折线统计图 活动材料：介绍上海港港口的视频、上海港港口近10年来的港口吞吐量数据、活动单。 活动环节： 1. 观看：了解上海港港口主要经营的业务，了解什么是港口货物。 2. 绘制：根据上海近10年的港口吞吐量数据，绘制折线统计图。 3. 分析：折线统计图的趋势分析，体会港口发展对经济发展的重要性	提示： 1. 货物吞吐量以"万吨"为单位。 2. 确定折线统计图的一定单位所表示的数量
活动二　港口交易小市场 活动材料：各种闲置书籍、玩具、衣物、文具、活动单等。 活动环节： 1. 准备：制定"港口交易"规则。 2. 交易：分组进行"港口交易"。 3. 记录：记录本组的"港口吞吐量"。 4. 统计：统计各组"港口吞吐量"。 5. 评比：评选班里最大的"港口"	提示： 1. 小组成员带来的"货物"为该组的港口货物。 2. 统一活动单的填写要求。 3. 评选前要先汇总小组"港口吞吐量"
拓展活动：评选出你最喜欢的港口（评价要求："港口货物多""港口交易活动有条不紊""港口货物吞吐量大"）	

四 研习单

港口交易“小市场”

团队简介

团队名称：爱心港港口　团队口号：港口贸易我在行

组长：港港

（贸贸）是信息员：搜集港口货物吞吐量数据并记录。

（易易）是统计员：绘制上海港港口货物吞吐量的折线统计图。

（爱爱）是组织员：组织成员准备“交易货物”。

（心心）是交易员：和其他“港口”进行交易。

活动学习单 1

绘制上海港港口近 10 年的吞吐量折线统计图

一、上海近 10 年的港口吞吐量

（单位：亿吨）

2011 年	2012 年	2013 年	2014 年	2015 年	2016 年	2017 年	2018 年	2019 年	2020 年
6.2	6.3	6.8	6.7	6.5	7.0	7.5	7.3	7.1	5.1

二、绘制折线统计图

活动学习单 2

一、协商制定港口交易规则

1. 小组成员分工合作，各司其职，做好自己的本职“工作”。

2. 每个“港口”进行交易时请如实记录。

3. 各“港口”按需进行公平交易，不可以出现“垄断”或者“孤立”的现象。

二、港口交易记录(一件货物相当于 1 万吨)

“出口”货物数:4 万吨。

“进口”货物数:2 万吨。

三、计算“港口吞吐量”

4+2=6(万吨)

我的评价

通过上面的活动我知道了:什么是港口货物吞吐量。

项　目	内　容	我给自己打★
自学意识	从给出的材料中，找出需要的信息和数据	★★★★★
规则意识	按步骤有序操作	★★★★★
合作意识	在活动中，能与小组成员协作解决遇到的困难	★★★★★
探究与发现	港口货物吞吐量关乎区域、城市和国家的经济发展	★★★★★
上海港港口吞吐量折线统计图分析	能看出近 10 年上海港港口货物吞吐量的变化趋势	★★★★★
	能大致判断今后的港口货物吞吐量的增减趋势	★★★★★
	能进行数据分析	★★★★★

设计者：张利波

小小港口选址师

活动概述

通过观察图表、观看视频等方式，了解吴淞口港成为国际知名邮轮港的建港自然条件、经济条件和社会条件以及邮轮带来的经济效益；通过小组合作，了解更多国内外知名港口的中英文名称以及建港条件和经济效益，能在教师帮助下归纳出建港的基本条件，完成“小小港口选址师”的学习任务。

知识链接

学科：英语

活动内容：对应上海教育出版社出版的牛津上海版《英语》（五年级上册）（2011 年版）第四模块第一单元内容（Module 4 Unit 1）《Water》，对吴淞口国际邮轮港（Shanghai Wusongkou International Cruise Terminal）进行拓展探究。

港口：港口是位于海、江、河、湖、水库沿岸，具有水陆联运设备以及条件以供船舶安全进出和停泊的运输枢纽。港口是水陆交通的集结点和枢纽，是工农业产品和外贸进出口物资的集散地，也是船舶停泊、装卸货物、上下旅客、补充给养的场所。港口按用途分类，分为商港、军港、渔港、工业港、避风港等。邮轮港属于商港，它分为母港、停靠港以及航线节点港，其中母港停靠时间最长，对其所在区域消费资金流、物流和信息流拉动作用巨大。

活动流程

学生活动	指导要点
活动一　认识吴淞口国际邮轮港 1. 观看《潮涌吴淞口》视频片段。 2. 说说吴淞口国际邮轮港建港的条件。 · 自然条件； · 经济条件； · 社会条件	1. 提示学生观看视频，重点关注吴淞口国际邮轮港的建港条件。 2. 归纳建港条件
活动二　了解国内外知名港口 1. 观察图表，了解国内外知名港口的中英文名称。 2. 同桌合作完成图表。 (1) 阅读相关材料，补全图表。 (2) 讨论汇报：自然条件是决定港址的技术基础，同时还需综合考虑经济和社会条件，才能使建港取得最好的综合效益	1. 出示国内外知名港口的中英文版图表。 2. 进一步归纳建港条件
活动三　为港口选址 1. 阅读任务单，结合本活动内容，为港口选址。 (1) 小组讨论、填写任务单。 (2) 讨论汇报：综合比较 A、B、C 三地的建港条件，B 地是条件最完善的建港地点。它具备优越的自然条件：水深 15 米，岸线长度 1 300 米。同时，它具备优越的社会和经济条件：地处一线城市，人口数 1 500 万，经济非常发达。因此，B 地是三地中的最优选择	1. 解读任务单。 2. 总结建港条件

研习单

小小港口选址师

吴淞口国际邮轮港

(Shanghai Wusongkou International Cruise Terminal)

个人挑战:请你完成下面的选择题。

一、单选题

1. 吴淞口国际邮轮港在 A 。

   A. 上海　　B. 北京　　C. 广州

2. 2018 年 3 月 24 日,吴淞口国际邮轮港首次迎来 B 。

   A. 两船同靠　　B. 三船同靠　　C. 四船同靠

二、多选题

1. 吴淞港被选址为国际邮轮港的原因是 ABCD 。

   A. 水深港宽　　B. 地处大城市

   C. 经济发达　　D. 人口稠密

2. 吴淞口国际邮轮港的主要功能是 ABD 。

   A. 添加补给、油料、淡水与处置废品

   B. 邮轮的维护与修理

   C. 运输各种货物

   D. 邮轮带来巨大的经济效益

国内外知名港口

(Famous Ports at Home and Abroad)

同桌合作:请你们阅读材料,填写下面的表格。

港口		建港条件		2020 年经济效益（吞吐量：万吨）
中文名称	英文名称	自然条件（水深港宽）	社会、经济条件（地处大城市，经济发达）	
（中国）上海港	Port of Shanghai	√	√	4 350
（新加坡）新加坡港	Port of Singapore	√	√	3 687
（中国）深圳港	Port of Shenzhen	√	√	2 655
（荷兰）鹿特丹港	Rotterdam Harbor	√	√	1 435

为港口选址
（Site Selection for a New Port）

小组合作：S 省将从 A，B，C 三个备选地中选一处建造商港，请结合本活动学习内容，当一回小小港口选址师，为港口选址。请阅读下面的表格，挑选条件最完善的一个地点来建港，并陈述理由。

港口	建港条件	
	自然条件（水深港宽）	社会、经济条件（地处大城市，经济发达）
A 地	水深 12 米 岸线长度 700 米	地处二线城市，人口数 1 000 万，经济比较发达
B 地	水深 15 米 岸线长度 1 300 米	地处一线城市，人口数 1 500 万，经济非常发达
C 地	水深 12 米 岸线长度 1 000 米	地处一线城市，人口数 1 500 万，经济非常发达

1. 建港地点：B 地。

2. 建港理由：综合 A、B、C 三地的建港条件，B 地是条件最完善的建港地点。它具备优越的自然条件：水深 15 米，岸线长度 1 300 米。同时，它具备优越的社会和经济条件：地处一线城市，人口数 1 500 万，经济非常发达。因此，B 地是三地中的最优选择。

我的评价

(My Evaluation)

通过港口选址活动我知道了：自然条件是决定港址的技术基础，同时还需综合考虑经济和社会条件，才能使建港取得最好的综合效益。

项　目	内　容	我给自己打★
问题意识	对不明白的问题或者现象，会产生疑问、探求的心理	★★★★★
合作意识	在完成任务的过程中，能与小组协作解决遇到的困难	★★★★★
探究与发现	了解选址建港的自然条件、经济条件、社会条件	★★★★★

设计者：佘毓菁

航海家的故事

活动概述

从《哥伦布竖鸡蛋》引入，让学生了解故事发生的背景，理解哥伦布驾船航海发现美洲新大陆对后世的影响；通过搜集交流古今中外其他航海家的故事，探寻他们身上不畏艰险、开拓进取、勇于探险的智慧和勇气的航海精神。

知识链接

学科：语文

活动内容：对应沪教版《语文》（四年级第二学期）第四单元的《哥伦布竖鸡蛋》，对“航海家的故事”进行拓展探究。

航海家：航海家是指精于航海的人，其在地理大发现时代发展达到鼎盛，扮演了地理发现的主角。从前，人类缺乏天文与地理知识，甚至认为大地的尽头是无底深渊，再加上没有精确的定位系统及坚固可靠的航海设备，所以远洋航行是绝对的冒险行为，因此当时的航海家也被视为探险家。

世界八大航海家：

克里斯托弗・哥伦布（1451—1506），探险家、殖民者、航海家，出生于中世纪的热那亚共和国（今意大利西北部）。尽管哥伦布不是第一个到达美洲的欧洲探险家，但哥伦布的航海带来了第一次欧洲与美洲的持续接触，并且开辟了后来延续几个世纪的欧洲探险和欧洲殖民海外领地的大时代。

斐迪南·麦哲伦，全名费迪南德·麦哲伦(1480—1521)，探险家、航海家、殖民者，葡萄牙人，为西班牙政府效力探险。1519—1521 年率领船队完成环航地球，麦哲伦在环球途中死于菲律宾部落冲突。船上的水手在他死后继续向西航行，回到欧洲，并完成了人类首次环球航行。

达·伽马(1469—1524)，出生于葡萄牙锡尼什，葡萄牙航海家、探险家，从欧洲出发，绕好望角到印度航海路线的开拓者。

巴尔托洛梅乌·迪亚士(1450—1500)，葡萄牙著名的航海家，于 1488 年春天最早探险至非洲最南端好望角的莫塞尔湾，为后来另一位葡萄牙航海探险家达·伽马开拓印度新航线奠定了坚实的基础。

郑和(1371—1433)，明朝宦官，原姓马，名和，小名三宝，又作三保，云南昆阳(今昆明市晋宁区)人。中国明朝航海家、外交家。1405—1433 年，郑和七下西洋，完成了人类历史上伟大的壮举。

亨利王子(1394—1460)，又译"恩里克王子"，葡萄牙亲王、航海家。因设立航海学校、奖励航海事业而被称为"航海者"。在他的支持下，葡萄牙船队沿非洲西海岸南下，航行至几内亚一带，并占领马德拉群岛等。

詹姆斯·库克(1728—1779)，人称库克船长，是英国皇家海军军官、航海家、探险家和制图师。他曾经三度奉命出海前往太平洋，带领船员成为首批登陆澳洲东岸和夏威夷群岛的欧洲人，也创下首次欧洲船只环绕新西兰航行的纪录。

弗朗西斯·德雷克(1540—1596)，英国著名的私掠船船长、航海家，也是伊丽莎白时代的政治家。德雷克在 1577 年和 1580 年分别进行了两次环球航行。

活动流程

学生活动	指导要点
活动一　了解世界八大航海家 1. 了解:什么是航海家。 2. 观看:世界八大航海家视频,了解世界八大航海家。 3. 说说:航海家航海的趣事	1. 航海家的定义。 2. 引导学生通过视频了解世界八大航海家。 3. 通过交流,了解更多古今中外航海家的故事
活动二　了解哥伦布 1. 了解:哥伦布生平经历。 2. 讨论:(挑选一个感兴趣的话题)。 (1) 猜想哥伦布航海之前会做哪些准备? (2) 在航海过程中会遭遇哪些艰难险阻? (3) 哥伦布是怎样克服航海中遇到的困难的? 3. 理解:哥伦布发现美洲新大陆的意义。 (1) 朗读句子。 (2) 理解:“壮举”是什么意思? (3) 讨论:为什么发现新大陆是历史上的壮举	教师讨论、组织交流,理解:“意大利著名航海家哥伦布驾船航海,发现了美洲新大陆,这一事迹成为历史上的壮举,对后世的影响也很大。”
活动三　制作航海家推荐卡 1. 制作:一张航海家推荐卡。 2. 说说:推荐的理由。 3. 展示:航海家推荐卡。 4. 评选:最佳航海家推荐卡	1. 提示:制作推荐卡的要求。 2. 总结:航海家们是一群不畏艰难、勇于探险的英雄,他们是智慧与勇气的象征,他们的精神永远激励我们奋发向上

研习单

航海家的故事

航海家的国籍

哥伦布	英国
麦哲伦	意大利
郑和	葡萄牙
库克船长	中国

（连线：哥伦布—意大利，麦哲伦—葡萄牙，郑和—中国，库克船长—英国）

推荐一位你最敬佩的航海家

小组名称 梦幻航海家　　组员 媛媛，小黑，贝贝，小屹

航海家 郑和　　国籍 中国

推荐理由：唯一一位世界闻名的中国航海家。1405—1433年，郑和前后七下西洋，到过亚非三十多个国家和地区，最远到达红海沿岸和非洲东海岸，比欧洲航海家的远航早半个世纪，是世界闻名的航海家。

小组评议：郑和有句名言："国家欲富强，不能置海洋于不顾。财富取之于海，危险亦来自海上。"他用一生践行了这句话，是值得我们敬佩的航海家。

老师评语：郑和七下西洋的故事家喻户晓，郑和的航行比哥伦布发现美洲大陆早七八十年，比达·伽马经过好望角早92年，比麦哲伦环球航行早114年，他是人类历史上当之无愧的伟大航行家之一。

我的评价

项　目	内　容	我给自己打★
参与意识	能积极参与过程探究，踊跃发表见解	★★★★★
合作意识	在与同伴交流分享过程中，能与同伴协作解决遇到的困难	★★★★★

（续表）

项 目	内 容	我给自己打★
探究与发现	知道了哥伦布驾船航海发现美洲新大陆对后世的影响，了解了世界八大航海家的故事	★★★★★
收获	了解了航海家的故事	★★★★★
	从航海家身上学到了不畏艰险、开拓进取、勇于探险的精神	★★★★★

设计者：孙伟莉

海上丝绸之路

活动概述

通过海上丝绸之路一系列体验活动，让学生了解海上贸易的相关情况，知道海上丝绸之路是古代中国与外国交通、贸易和文化交往的海上通道，深入了解海上“丝绸之路”，培养学生国际观。

知识链接

活动类别：主题班会（五年级）

活动内容：“海上丝绸之路”主题队会拓展探究。

丝绸之路：丝绸之路，简称丝路，一般指陆上丝绸之路，广义上又分为陆上丝绸之路和海上丝绸之路。

海上丝绸之路：海上丝绸之路是古代中国与外国交通、贸易和文化交往的海上通道，该路线主要以南海为中心，所以又称南海丝绸之路。海上丝绸之路形成于秦汉时期，发展于三国至隋朝时期，繁荣于唐宋时期，转变于明清时期，是已知的最为古老的海上航线。

活动流程

学生活动	指导要点
活动一　探究海上丝绸之路 1. 看看：海上丝绸之路视频。 2. 说说：海上丝绸之路的作用。它是古代中国与外国交通、贸易和文化交往的海上通道。 3. 找找：海上丝绸之路的起点和终点城市。 起点：主要是广州和泉州；终点：汉朝是在印度半岛南端。 4. 画画：在世界地图上描绘海上丝绸之路路线。 5. 想想：21 世纪海上丝绸之路有什么意义？ · 构建和平稳定周边环境的战略意义 · 深化改革开放的重要途径 · 拓展经济发展空间的深远谋划 · 促进沿海国家共同繁荣的历史选择	1. 引入“丝绸之路”的定义。 2. 出示：世界地图并解释相关知识。 3. 找一找：用不同颜色笔圈出海上丝绸之路经过的城市。 4. 21 世纪海上丝绸之路有什么意义？提示学生从四个方面进行思考
活动二　海上贸易风险的防范 1. 说说：海上贸易会遇到什么风险？ 2. 小组讨论：选择一个主题展开讨论（内部冲突、恐怖势力、教派冲突、民族矛盾等）。 3. 交流：风险防范措施（安全联盟；国际合作等）	1. 设置：海上贸易风险情境，可以请学生说一说，演一演。 2. 提示：如何防范海上贸易风险
活动三　模拟海上贸易 1. 介绍：各自的国家以及与海上丝绸之路的关系。 2. 展示：国家海上贸易情况。 3. 推介：各国的特色产品	1. 分组介绍：各自的国家以及与海上丝绸之路关系。 2. 各组展示所代表的国家海上贸易情况、介绍特色产品

研习单

海上贸易交流会

团队简介

海上贸易代表团使者：乐乐

代表团成员：海海、明明、心心、哲哲、玉玉

交流会内容：

1. 角色分配：选出 1 名代表团使者。
2. 小组讨论：海上贸易会遇到的风险。
3. 组内交流：风险防范措施。
4. 分组介绍：各自的国家以及与海上丝绸之路的关系。
5. 班内展示：国家海上贸易情况并推介各国的特色产品。
6. 模拟签订海上贸易协议（以新加坡为例）。

甲方	中国
乙方	新加坡
合作方式	商贸物流
线路图	绘制
物品	石油
价格	按货物出地产进货价
品质	A 等
供货期	2021 年 6 月 30 日—2023 年 6 月 30 日
保证和索赔	违约双倍赔偿
仲裁	所在地法院
不可抗力条款	地震、疫情等不可抗力
其他条件	免征关税
双方签字地址	上海
双方签字	洋洋、乐乐

我的评价

通过此次主题班会，我懂得了：海上丝绸之路是古代中国与外国交通、贸易和文化交往的海上通道。

项　目	内　容	我给自己打★
国际意识	国家与国家之间的交流意识	★★★★★
海上贸易经验	对海上贸易线路有了大致的了解	★★★★★
合作意识	与他人合作能更好地完成活动任务	★★★★★
探究与发现	海上贸易存在风险	★★★★★
法律意识	国家与国家之间合作也要讲国际法	★★★★★
	签订协议	★★★★★

参考资料

[1] 薛力.21世纪海上丝绸之路建设与南海新形势(2014～2015)[M]//中国周边安全形势评估(2015).北京：社会科学文献出版社，2015.

[2] 郑崇伟，黎鑫，陈璇，等.经略21世纪海上丝路：地理概况、气候特征[J].海洋开发与管理，2016，33(2)：3-10.

设计者：李亿佳

第三模块

海上航行

我是桥梁设计师

活动概述

通过观察，了解不同类型的桥梁，了解桥梁的承重能力与哪些因素有关；通过对桥梁历史的探究，感悟人类的智慧，开阔学生的视野；通过设计、制作和桥面的承重实验，培养学生动手的能力，激发学生的想象力和创造力，形成细致、严谨的科学探究态度。

知识链接

学科：科学与技术

活动内容：对应上海教育出版社出版的《科学与技术》（三年级第一学期）（2020 年版）第 3 单元的《桥》，对桥进行拓展探究。

跨海大桥：跨越海湾、海峡、深海、入海口或其他海洋水域的桥梁，一般有较长跨度和线路，短则几千米，长则几十千米。由于大桥深入海洋环境，自然条件复杂，所以跨海大桥体现了桥梁工程的顶级技术。一些跨海大桥比较长，通常由多个桥中桥组成，为避免影响水上航道或空中航线，跨海大桥中的某一部分也可能采用海底隧道工程，集“桥、岛、隧”为一体。随着中国综合国力提升，经济水平、科学技术水平提高和社会交流增多，越来越多的跨海大桥相继建成或开工，跨海大桥的规模、形式也变得复杂多样，如杭州湾大桥、港珠澳大桥、青岛胶州湾大桥、海口如意岛跨海大桥等。

活动流程

学生活动	指导要点
活动一　说一说世界上著名的跨海大桥 1. 交流:自己制作的跨海大桥小报或 PPT。 2. 介绍:桥梁的发展史。 3. 观察:各种新型的桥梁。 4. 讨论:桥梁的功能与结构和承重能力	1. 引导学生用不同的方式交流展示,如图片、PPT 或视频等。 2. 通过观察和交流,指导学生了解同一种材料,结构不同,承重能力也是不同的。
活动二　画一画未来的桥梁 1. 设计:以小组为单位,设计一座未来的桥梁。 2. 填写:研习单中的"团队简介"与"创意设计"。 3. 交流:未来桥梁的创意	1. 提示小组分工。 2. 鼓励学生发挥创意,构思未来的桥梁。 3. 在设计桥梁时,要注意桥梁承重能力
活动三　做一做倍力桥 1. 观察:木制倍力桥的结构。 2. 加工:课前搜集到的桥梁材料。 3. 组装:倍力桥。 4. 展示:倍力桥桥梁模型。 5. 实验:用课本、笔袋等物品调试倍力桥桥梁承重能力。 6. 评价:对自己和同学的作品进行评价 7. 调整:完善倍力桥模型。 8. 填写:完成"研习单"中的"我的评价"	1. 提醒学生注意观察倍力桥的结构,寻找组装桥梁模型规律。 2. 引导学生根据他人评价,调整完善桥梁模型。 3. 根据制作活动,指导学生填写完成研学单中的"我的评价"
拓展活动:组建小组,选择感兴趣的主题开展探究。 1. 了解"飞夺泸定桥"故事。 2. 设计"泸定桥"桥梁模型	

四 研习单

我是桥梁设计师

团队简介

团队名称：蓝色梦想设计师　　团队口号：一桥飞海

桥梁的名称：跨海大桥　　组长：媛媛

（夏夏）是搜集师：搜集桥的资料，制作汇报的小报。

（雯雯）是探究师：桥的承重实验探究。

（媛媛）是设计师：桥的设计，绘制草图。

（屈屈）是工程师：桥的制作，材料的加工。

创意设计

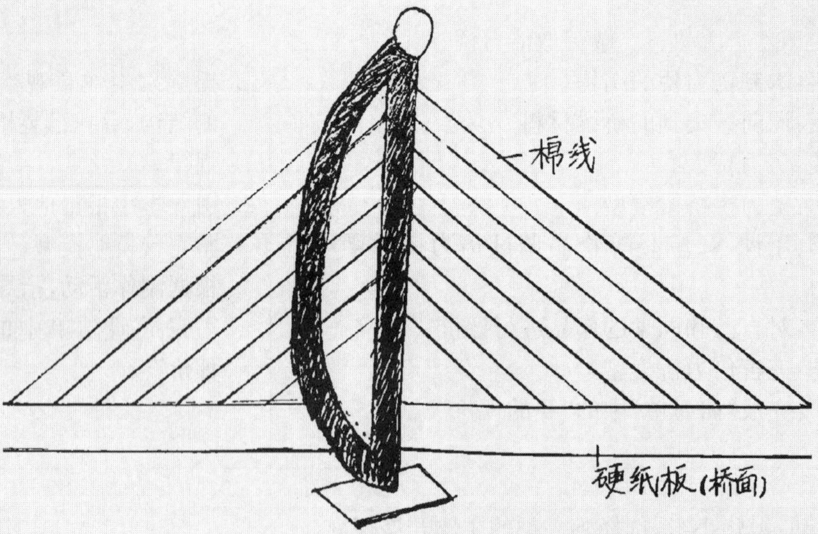

桥的类型：斜拉桥。

桥的用途：跨海，可使船通过，为人们的出行提供方便。

桥的材料：硬纸板（瓦楞纸）、棉线、玻璃胶、双面胶。

桥的创新点：设计简洁、美观，节省材料。

其他：桥体是帆船形状，喻为“一帆风顺”。

我的评价

通过活动我知道了：桥的结构很重要，桥梁的承重能力和桥梁的结构有关。

项 目	内 容	我给自己打★
安全意识	使用剪刀时注意安全	★★★★★
规则意识	按步骤有序操作	★★★★★
合作意识	在制作过程中，能与小组成员协作解决遇到的困难	★★★★★
探究与发现	利用（斜拉桥）原理	★★★★★
设计与制作的桥梁模型	使用材料少	★★★★★
	稳固性强	★★★★★
	整体布局合理	★★★★★

设计者：薛 敏

小小造船师

活动概述

通过中国航海博物馆的船模参观体验活动，从身边的实际问题出发，结合“建立模型”对船模进行拓展探究，深入了解海上交通工具与船舶的有关知识；在动手制作一艘船的过程中，引导学生选择合适的材料和工具，制作小船模型，体会“做”的成功和乐趣，传承精益、专注、创新的工匠精神。

知识链接

学科：科学与技术

活动内容：对应上海教育出版社出版的《科学与技术》（五年级下册）（2015 年版）第 10 单元《建立模型》，对船模进行拓展探究。

海上交通工具：客轮、货轮、远洋班轮、气垫船、帆船、潜水艇、游艇、救生艇、皮划艇等。船舶按构成部分的用途，可大体分为船体、船舶动力装置、船舶舾装三大部分。船体是船舶的基本部分，可分为主体部分和上层建筑部分，主体部分指甲板以下的部分，一般用于布置动力装置，装载货物，储存燃油和淡水；上层建筑位于甲板以上，由各层甲板和舱壁组成，其内部主要用于布置各种用途的舱室。船舶动力装置包括推进装置、辅助机械设备等。船舶舾装件主要包括电器、电子设备、锚绞机、带缆桩、门窗、小舱盖和登乘梯等。

活动流程

学生活动	指导要点
活动一　展馆参观回顾 1. 交流：展馆参观活动中感兴趣的话题。 2. 介绍：船的发展史	1. 提示：针对展馆参观活动，说说自己感兴趣的话题。 2. 提问：船是怎么演变成现在的样子的？ 3. 小结：海上交通工具
活动二　结构形状实验 活动材料：回形针、橡皮泥、水槽、水、实验单。 实验步骤： 1. 拿放：同样大小的橡皮泥放入水中。 2. 探索：使橡皮泥漂浮的方法。 3. 检测：橡皮泥船最多能承载多少个回形针	提示：记录橡皮泥在水中漂浮、橡皮泥船承载回形针的情况。例如，方法、回形针个数
活动三　排水体积实验 活动材料：铝箔纸、小木块、水槽、水、剪刀、胶带。 实验步骤： 1. 探究：船做成什么样的中空形状才能保证装的物品最多。 2. 比较：多大敞口的铝箔纸船载重最多。 3. 比较：控制敞口的大小，比较哪只船载重最多。 4. 思考：为什么排水体积越大，浮力就越大	强调：规则意识，实验按步骤操作
活动四　制作创意小船 活动材料：网格线纸、直尺、硬纸板、泡沫板、胶带、剪刀、美工刀。 实验步骤： 1. 设计：小船的草图。 2. 制作：小船。 3. 实验：小船试航，小船试载物。 4. 展示：小船秀	1. 引导：画小船草图。 2. 强调：根据草图，选定材料，按顺序制作（船舱—船头—船尾—其他）。 3. 提示：评价要求（漂浮时间长、载物多）
拓展活动：选择自己喜欢的一种船开展探究，了解郑和的航海船或集装箱船	

四 研习单

我是造船师

团队简介

团队名称：鲁班号　　团队口号：勇于实践，锲而不舍

船的名称：鲁班号　　组长：浩浩

（齐齐）是信息搜集师：搜集船的资料，记录实验信息，制作汇报的海报。

（方方）是科学探究师：船的科学秘密的实验探究。

（苏苏）是工程建筑师：小船的制作，材料的加工。

（秋秋）是小船设计师：小船的设计，绘制草图。

创意设计

设计意图：制作材料少、漂浮时间长、载物多。

船的类型：工程船，破冰船。

船的用途：专门从事某种水上或水下工程。

船的材料：网格线纸、硬纸板、泡沫板、胶带。

船的创新点：利于船舶长时间航行与作业。

活动备注：耐心、专注、坚持的精神，是一切手工匠人所必须具备的特质。

我的评价

通过上面的实验我知道了：通过改变形状可以使下沉的物体变成漂浮的。

项　目	内　容	我给自己打★
安全意识	使用美工刀、剪刀时注意安全	★★★★★
规则意识	按步骤有序操作	★★★★★

（续表）

项　目	内　容	我给自己打★
合作意识	在制作过程中，能与伙伴协作解决遇到的困难	★★★★★
探究与发现	利用（改变形状可以使沉的东西变成浮的）原理	★★★★★
设计与制作小船模型	使用材料少	★★★★★
	载物多	★★★★★
	漂浮时间长	★★★★★

设计者：郑志英

海洋上的"警察"

活动概述

在"海洋上的'警察'"活动中,了解海洋通信系统的工作流程,拓展"信息传递"知识,体会信息传递在日常生活中的重要性。通过中国海洋卫星大记事、世界海洋卫星发展史的探究,提升提炼有价值信息的能力。根据海洋卫星技术科学原理制作海洋卫星模型,进一步了解现代信息传递的方法,增强中国具有先进的信息传递技术的自豪感,增进爱国情感。

知识链接

学科: 科学与技术

活动内容: 对应上海教育出版社出版的《科学与技术》(五年级第一学期)(2015 版)第 7 单元的《信息传递》,对"海上通信"进行拓展探究。

海洋卫星: 一般指地球资源技术卫星。它主要用于海洋水色色素的探测,为海洋生物资源的开放利用、海洋污染监测与防治、海岸带资源开发、海洋科学研究等领域服务而设计发射的一种人造地球卫星。它的任务是海洋环境预报,包括远洋船舶的最佳航线选择,海洋渔群分析,近海与沿岸海洋资源调查,沿岸与近海海洋环境监测和监视,灾害性海况预报和预警,海洋环境保护和执法管理,海洋科学研究以及海洋浮标、台站、船舶数据传输,海上军事活动等。

海洋监视卫星: 用于探测、识别、跟踪、定位和监视全球海面舰艇和水下潜艇活动的卫星，它能实现舰船之间、舰岸之间的通信，是 20 世纪 70 年代发展起来的一种先进卫星技术。由于它所覆盖的海域广阔，探测目标多而且是活动的，所以它的轨道较高，并且多采用多星组网体制，以保证连续监视。

海洋监视卫星分类：按所携带的侦察、监视设备的不同和采用侦察手段的不同，大体可分为成像型和电子型，成像型可分为可见光成像、红外成像和微波成像等；电子型可分为被动无源的电子型侦察和主动有源的雷达型侦察。其中，电子型主要用于测定海洋目标的位置、航向和航速，成像型则可更加详细地获得目标的外观、用途等信息。二者结合，则使由海洋监视卫星组成的目标监视系统成为可对动态目标快速定位和具有可见光、红外、微波等多种侦察手段的复杂系统，可大大增强其对情报的侦收、处理和传输能力。

活动流程

学生活动	指导要点
活动一　了解海洋卫星 1. 看图：了解海洋卫星作用与分类。 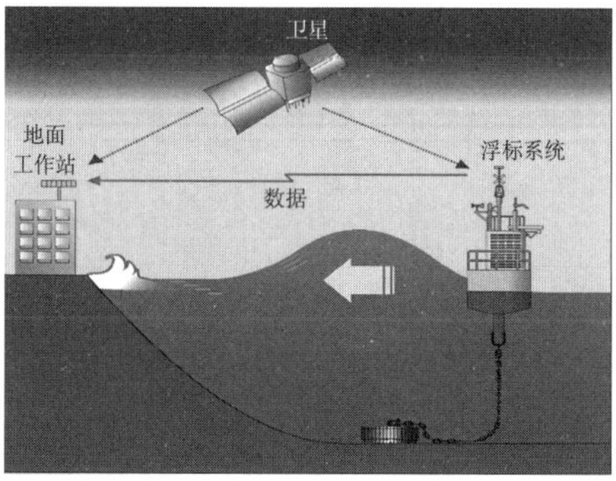 2. 了解：海洋卫星应用领域——海面高度观测、潮位数据提取、波浪观测、卫星高度计定标、多源遥感影像定标。 3. 探究：中国海洋卫星大记事、世界海洋卫星发展史	1. 讲解：基于 GNSS 卫星的海洋多功能浮标监测系统。 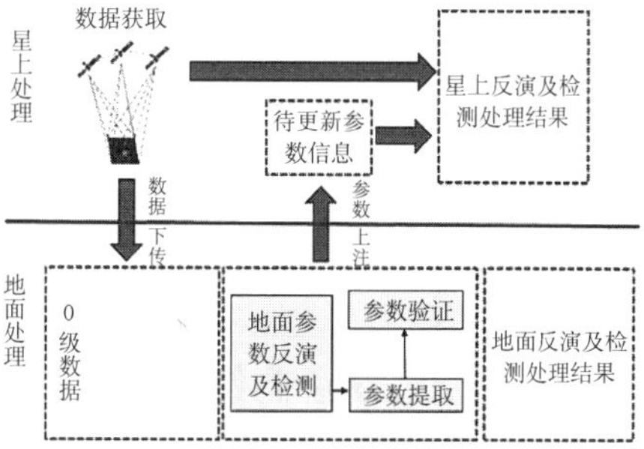 2. 解释：海洋卫星技术的科学原理。

（续表）

学生活动	指导要点
活动二　了解海上导航 1. 观看：海上导航定位的视频。 2. 说说：海上定位方法。 3. 观看：北斗卫星导航的视频。 4. 说说：北斗卫星导航定位技术的应用——交通运输、基础测绘、工程勘测、资源调查、地震监测、气象探测和海洋勘测等	3. 提示：任何海上导航定位设备所确定的位置都有一定的精度范围。海洋地质和地球物理测量必须选择适合测量比例尺要求的导航定位设备作为技术保证
活动三　制作海洋卫星模型 1. 欣赏：各类卫星图片。 2. 制作：小组合作制作海洋卫星模型。 · 说说设计意图 · 设计海洋卫星的草图 · 选择合适材料制作海洋卫星模型 3. 展示：海洋卫星模型。 · 推介小组的作品 · 根据他人的建议进行改进 4. 评选：最佳海洋卫星模型。 · 了解评选的要求 · 有序开展评选活动	1. 提供材料：各类卫星图片、网格线纸、硬纸板、泡沫板、胶带等。 2. 引导：根据组员特长与兴趣，开展分工合作。 3. 提示评选要求：有创意，用材料少，布局合理等
拓展活动：组建小组开展“气象卫星”探究活动	

四 研习单

小小制作师

团队简介

团队名称：蓝色探秘　　团队口号：千里眼，顺风耳

卫星的名称：千眼　　组长：蓝蓝

(延延)是信息搜集师:搜集海洋卫星的资料与记录信息,制作汇报的海报。

(年年)是科学探究师:海洋卫星技术的科学原理的探究。

(乔乔)是工程师:海洋卫星的制作,材料的加工。

(秀秀)是设计师:海洋卫星的设计,绘制草图。

创意设计

设计意图:监测海洋动态,提供海上航行的安全保障。

海洋卫星的用途:应用范围广。

海洋卫星的材料:环保,廉价。

海洋卫星的创新点:功能多,性能强。

我的评价

通过上面的拓展活动我知道了:海洋卫星技术的科学原理等。

项　目	内　容	我给自己打★
安全意识	使用美工刀、剪刀时注意安全	★★★★★
规则意识	按步骤有序操作	★★★★★
合作意识	能与伙伴协作解决遇到的困难	★★★★★
设计制作的海洋卫星模型	使用材料少	★★★★★
	稳固性强	★★★★★
	整体布局合理	★★★★★

设计者:郑志英

中国科考船

活动概述

通过欣赏、观察中国"科学"号海洋科考船，了解科考船的相关知识；在绘画过程中，知道科考船的基本组成部分、外观特点、动力系统、探测设备、性能等，感受科考船的设计之美，体会中国拥有承载着几代中国海洋科技工作者梦想的海洋科考船的骄傲之情。

知识链接

学科： 美术

活动内容： 对应书画出版社出版的《美术》(二年级第一学期)(2019 年版)第四单元的《海上使者》，对"大轮船"进行拓展探究。

科考船： 承担调查研究海洋水文、地质、气象、生物等特殊任务的船舶。

中国科考船：

"雪龙"号极地考察船，耐寒，技术性能先进，属国际领先水平，也是中国进行南北极海域科学考察的唯一的一艘功能齐全的破冰船。

"向阳红 10"号，1984 年，中国首次开展南极考察使用的便是"向阳红 10"号，这是一艘满载排水量为 1.3 万吨的普通船只，无破冰能力。

"极地"号，1986 年，中国南极考察开始使用"极地"号科学考察船，这艘船原系芬兰劳马船厂建造的一艘具有 1A 级抗冰能力的货船，中国购进后改装成南极科考船，在完成了 6 次南极航次考察任务后，于 1994 年退役。

“科学”号海洋科考船由中国科学院海洋科学研究所订造，具有全球航行能力及全天候观测能力，是中国国内综合性能最先进的科考船。该船于 2010 年 10 月 28 日开工建造，2011 年 11 月 30 日下水，2012 年 5 月 28 日进行了倾斜试验，2012 年 6 月 14—20 日进行了海上航行试验。

活动流程

学生活动	指导要点
活动一　介绍“科学”号海洋科考船 1. 外形特点 船长 99.8 米，船宽 17.8 米，船深 8.9 米，排水量约 4 600 吨，续航能力 15 000 海里；“短宽型”的船体结构、封闭式甲板、360°可环视驾驶台、重力活塞取样的翻转结构等设计。 2. 动力系统 一台发电机组可推动一艘 5 000 吨的船舶以 12 节航速(1 节等于每小时 1 海里)行驶，显示了其经济、绿色和环保的特点。 3. 探测设备 采用模块化设计，配备了海洋大气、水体、海底、深海极端环境和遥感信息现场验证等五大船载探测系统。 4. 性能 能在海上自给自足航行 60 天；配有先进的可控被动式减摇水舱系统，能够抵御 12 级大风；装配的升降鳍板、侧推加盖及翻转机等设备，均为中国国内首创。 5. 应用领域 重点用于西太平洋及周边海域科考，可为中国提供海洋地质、生物与生态、大气等综合科学考察信息	提示： 1. 外形特点——短宽型。 2. 动力系统——经济、绿色和环保。 3. 探测设备——采用模块化设计。 4. 性能——能在海上自给自足，可航行 60 天并配有可控被动式减摇水舱系统，抵御 12 级大风。 5. 应用领域——提供海洋地质、生物与生态、大气等综合科学考察信息
活动二　介绍不同类型的科考船 1. 中国著名的科考船。 2. 中国的“雪龙”号极地考察船。 3. “向阳红 10”号。 4. “极地”号	引导学生观察不同类型的科考船上各类设备的基本用途

（续表）

学生活动	指导要点
活动三　感受科考船的设计之美 1. 展示图片。 2. 不同科考船的设计特色。 3. 学生欣赏，并谈谈体会	1. 提示：观察各类科考船的不同设计特点，体会设计之美。 2. 小结：体会科考船承载着几代中国海洋科技工作者梦想的骄傲之情
活动四　描绘未来的中国科考船 1. 用基本形状概括科考船的外形。 讨论：船体的外形特点。 2. 添加科考船细节（设备）。 3. 涂色。 4. 作品展示	鼓励学生发挥创意： · 分析构思； · 注意整体布局； · 示范添加细节（设备），拓宽学生设计思路
活动五　乘风破浪的科考船评选 介绍评选条件： · 船体大小比例合理，外形美观； · 细节丰富（船上功能设备多）； · 色彩鲜艳	引导评价： · 外型美观； · 船体结构设计合理； · 功能设备多样； · 色彩美观

四 研习单

我设计的科考船

团队简介

团队名称：梦想家设计团

团队口号：只有你想不到，没有我们设计不了

船的名称：梦之号

组长：梦梦

（海海）是信息搜集师：搜集科考船的各类资料。

（洋洋）是科学探究师：探究科考船的功能。

（南南）是小船设计师：设计、绘制科考船。

创意设计

设计意图：未来的科考船。

船的类型：多功能科考船。

科考船的用途：能在极地和深海等不同环境中开展科考工作。

科考船的外观设计特点：驾驶舱有两个，分别在船头和船尾。

科考船的设备：破冰机、深海探测小潜艇、海面勘探机。

科考船的创新点：集众多设备于一船。

其他要求：船舱内工作人员的生活区，更人性化，舒适度更好。

我的评价

通过设计科考船我知道了：科考船承载着几代中国海洋科技工作者的梦想。

项　目	内　容	我给自己打★
学习用品准备	绘画工具准备齐全	★★★★★
规则意识	按步骤有序创作	★★★★★
合作意识	在绘画创作过程中，能与小组团结协作，共同解决各种困难	★★★★★
探究与发现	科考船的功能	★★★★★
设计的科考船	外形美观	★★★★★
	设备多样化	★★★★★
	船身色彩美观	★★★★★

设计者：黄珺珺

海上航行：潜水艇

活动概述

以“海水的奥秘”为先导，了解海水的特点；通过“潜水艇的沉浮”小实验，了解“体积”在海上交通工具中的应用，帮助学生理解潜水艇沉浮的原理。

知识链接

学科：数学

活动内容：对应上海教育出版社出版的《数学》（五年级下册）第四单元的《几何小实践》中“体积”这一内容，对“体积”的应用进行拓展探究。

海水的成分：海水的成分复杂多样，其中氯化钠最多。溶解于海水中的化学元素绝大多数是以盐类离子的形式存在，除氢和氧外，海水中还有氯、钠和氟等11种化学元素。

潜水艇工作原理：潜水艇工作原理是基于“浮力定律”（阿基米德定律）。浸在液体里的物体受到向上的浮力，浮力大小等于物体排开液体所受重力。

当潜水艇的重力大于浮力时它就会下沉，小于浮力时就会上浮，等于浮力时就会悬停在液体中。

活动流程

学生活动	指导要点
活动一　探索海水的奥秘 活动材料：玻璃杯、盐水、清水、墨水、冰块、针筒、研习单。 活动步骤： 1. 实验 1：观察冰块融化速度 猜一猜：A、B 两杯液体，分别是盐水和清水，哪杯液体是模拟海水？ 操作：将相同体积的冰块同时放入两杯相同体积的液体中，观察冰块融化速度。 结论：在相同体积下，海水凝固点更低，放入其中的冰块融化更快。 2. 实验 2：观察墨水扩散速度 猜一猜：A、B 两杯液体，分别是盐水和清水，哪杯液体是模拟海水？ 操作：用针筒在两杯相同体积的液体中同时滴入一滴墨水，观察墨水扩散速度。 结论：在相同体积下，不同液体质量不同，海水质量更大，密度更大，因而海水的浮力更大，墨水扩散慢	1. 提示：控制好放入冰块和墨水的时机。 2. 提示：同时观察两杯液体中的变化，及时记录在研习单上。 3. 交流反馈及评价
活动二　潜水艇的沉浮 活动材料：潜水艇材料包、实验用的水槽、研习单。 活动步骤： 1. 了解潜水艇。 2. 拼搭潜水艇。 3. 潜水艇的沉浮实验。 实验 1：下沉实验 将潜水艇放入水中，使水进入舱体内，潜水艇逐渐下沉。 实验 2：上浮实验 利用针筒将空气打入舱体的气球内，使气球充满空气，从而使潜水艇浮出水面。	1. 检查：潜水艇是否拼搭严密。 2. 提示：操作遇到问题时稍加提点（如遇气球漏气，及时更换新气球）。 3. 交流反馈及评价

（续表）

学生活动	指导要点
4. 潜水艇的沉浮原理。 （1）潜水艇漂浮在水面： 蓄水舱充满空气，阀门关闭。 （2）潜水艇下沉： 阀门打开，海水进入蓄水舱； 阀门关闭，潜艇停止下沉。 （3）潜水艇上浮： 排开一定量体积的水，潜水艇上浮	

四 研习单

海水的奥秘

实验记录

记录者：吴秋

1. 实验一

观察并记录现象（用打“√”表示）

冰块融化速度	A	B
快	√	
慢		√

结论：A液体中的冰块融化速度更快，A是模拟海水。在相同体积下，海水凝固点更低，放入其中的冰块融化更快。

2. 实验二

观察并记录现象（用打“√”表示）

墨水扩散速度	A	B
快		√
慢	√	

结论：A液体中的墨水扩散速度更慢，A是模拟海水。在相同体积下，不同密度液体质量不同，海水密度较大，质量较大，因而海水的浮力较大，墨水扩散速度慢。

我的评价

实验操作	能准确操作实验 （亲自动手或观察他人）	★★★	能认真观察并 记录实验结果	★★★
实验分享	能分享实验结果	★★	能聆听他人的 分享并思考	★★

总计：（ 10 ）★

潜水艇的沉浮

实验记录

记录者：吴秋

	初始状态 （用打"√"表示）	观察到的现象	最终状态 （用打"√"表示）
实验一： 下沉实验	浮于水面☑ 悬浮水中□ 沉在水底□	水进入舱体后， 潜水艇逐渐下沉	浮于水面□ 悬浮水中□ 沉在水底☑
实验二： 上浮实验	浮于水面□ 悬浮水中□ 沉在水底☑	气球内充满空气时， 潜水艇浮出水面	浮于水面☑ 悬浮水中□ 沉在水底□

结论：当潜水艇蓄水舱充满空气时，潜水艇漂浮在水面；当海水进入蓄水舱时，潜水艇下沉；当排开一定量体积的水时，潜水艇上浮。

我的评价

活动一	能拼搭模型 （亲自动手或观察他人）	★	能在拼搭过程中 提出问题并思考	★
活动二	能进行实验 （亲自动手或观察他人）	★★	能参与实验记录过程 （提出想法并记录实验）	★★
活动分享	能分享实验结果	★★	能聆听他人的 分享并思考	★★

总计：（ 10 ）★

设计者：干天晴

第四模块

海上安全

神奇水手结

活动概述

通过中国航海博物馆“水手结”体验活动，让学生探索不同绳结的打法和用途，知道打绳结是航海者必备的技能，能保证船舶和人员的安全，体会绳结兼备实用性和艺术性的特点，在练习和探索的过程中，启迪智慧，感受传统文化的魅力。

知识链接

学科： 拓展（三年级）

活动内容： 对应中国航海博物馆海员馆中的“水手结”体验活动进行拓展探究。

平结： 一般适用于连接同样粗细和材质的绳索，但对于较粗或表面光滑的绳索并不适用。作为一种最古老、最通俗和最实用的绳索，“平结”的“平”有高低相等、不相上下之意，同时又有征服、稳定的含义，含有“平”字的吉祥语很多，如延寿平安、富贵平安和平步青云等。

单套结： 被誉为“绳结之王”，很多绳结的打法都来源于此，可以用来搭救落水者，也可以用来自救，打法简易，甚至可以单手完成。作为世界上广受欢迎的绳结形式，它在各种户外运动，甚至各行各业和日常生活中都会频繁使用到。特点是易结易解，同时保固安全性高、用途广泛、结法变化多端。

系缆活结： 船舶靠岸时用来系缆桩，绳结完成后，连接船体一端的绳子越拉越紧，船舶就不会因为水流或者风被漂走，如需解开只要轻拉绳子另一端即可，充分体现了“易结易解不易开”。

水手结： 实为双套结的一种，可用于急难救助、高台作业和吊运人员。特征是有两个绳环，绳环大小相同，双腿分别套进绳环里使用。

活动流程

学生活动	指导要点
活动一　学习绳结的打法 1. 听讲：了解绳结的历史渊源，熟悉各类绳结在航海中的应用、特征和用途。 2. 练习：学习各种绳结的具体打法，并对部分常用绳结做到熟练掌握。 3. 探究：不同的绳结在航海以外的领域还能发挥的作用。  4. 打结：以平结为例，①左右手各拿一根绳头；②将左手绳头搭在右手绳头上绕过；③再将右手绳头搭在左手绳头上，绕进绳圈平拉	1. 讲解：各种绳结的打法和用途。 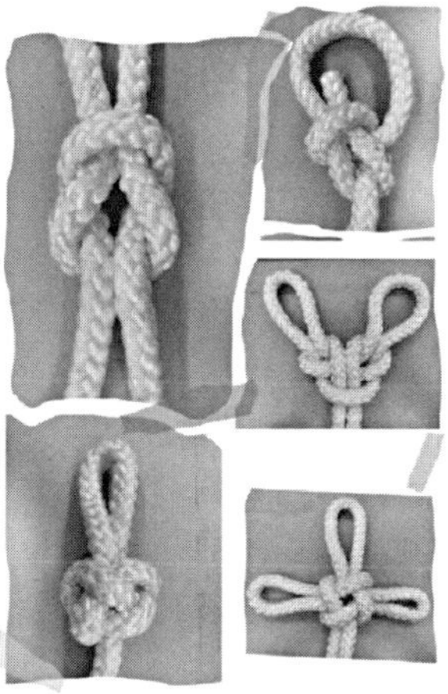 2. 解释：绳结的奥义就是摩擦力，增大摩擦力是绳结牢固的根本所在，一般方法就是相交、扭转、拉紧
活动二　打结比赛 以小队为单位，开展“绳结能手”大比拼，比赛以积分制进行。 第一轮比广度：每队可安排 3～5 名队员上场，各队轮流打出不同的绳结，每顺利完成一种绳结可积 1 分，限时 3～5 分钟。	提示：拳不离手，曲不离口。要想熟练掌握绳结的打法，需要不断地练习，并间隔着复习，提炼口诀，方便教学。 另外，多种绳结配合使用，还能发挥出更多作用，请大家一起探索

(续表)

学生活动	指导要点
第二轮比速度:每队可安排1～3名队员上场,随机抽取"单套结"或"平结",每完成5个积1分,限时1分钟。 第三轮比深度:每队安排1名队员上场,随机抽取一种绳结进行教学演示,要求语言精炼,步骤清晰,内容完整。根据教学演示的效果,计1～5分,由其他小队打分,取平均分,如只有两队比赛,则由评委老师打分。 三轮之后计总分,按照分数高低依次排序	
活动三　水手结相框制作 1. 欣赏:各类绳结图片。 2. 制作:水手结相框。 • 说说设计意图; • 设计水手结相框布局草图; • 选择合适材料制作水手结相框。 3. 展示:水手结相框。 • 推介小组的作品; • 根据他人的建议进行改进。 4. 评选:最佳水手结相框。 • 了解评选的要求; • 有序开展评选活动	 1. 提供材料:28 cm×33 cm或30 cm×38 cm相框及同尺寸大小航海元素背景图纸一张;2 mm左右粗的棉绳若干小段用以打绳结;用以装饰相框带有航海元素的小装饰,双面胶等。 2. 引导:根据组员特长与兴趣,开展分工。 3. 提示:评选要求有创意、有特色、相框画面布局合理等
拓展活动:组建小组在学校搭建"航海角——船用绳结"学习角	

研习单

小小制作师

团队简介

团队名称：蓝色探秘站　　　团队口号：小绳结，大智慧

相框主题：纵横四海　　　组长：蓝蓝

(延延)是信息搜集师：搜集水手绳结的资料信息，制作汇报的PPT和海报。

(年年)是科学探究师：针对不同绳结，研究打法技巧和使用领域。

(乔乔)是工程师：制作水手结相框，加工饰物。

(秀秀)是设计师：布局设计水手结相框，绘制草图。

创意设计

设计意图：美观而实用

水手结的用途：搭配组合，尽显绳结魅力

水手结相框的材料：环保，廉价，美观

水手结相框的创新点：装饰性，展示性

我的评价

通过上面的拓展活动我知道了：要善于打破常规思维。

项　目	内　容	我给自己打★
安全意识	使用绳子时不乱甩	★★★★★
规则意识	按步骤有序操作	★★★★★
合作意识	能与伙伴协作解决遇到的困难	★★★★★

（续表）

项　目	内　容	我给自己打★
设计制作的水手结相框	有创意	★★★★★
	有特色	★★★★★
	美观	★★★★★

特邀撰稿人：王灵林（中国航海博物馆）

海上应急救援

活动概述

通过海上应急救援探究学习活动，了解海上应急救援常识，知道溺水是海上意外伤害致死的重要原因之一，提高识险避险与防护意识；了解海上安全应急措施，提高自救互救能力，保护生命安全。

知识链接

学科：生命健康安全教育

活动内容：对应人民卫生出版社出版的《水上救生》(2015 年版)进行拓展探究。

海上应急救援：自然灾害常引发海上突发事件，海上应急救援保证海上突发事件发生后，及时对海上遇险人员进行救助，减少损失。充分利用常备资源，发挥储备资源的作用，发挥参与救助各方力量的自身优势和整体效能，相互配合，形成合力，快速高效地救助生命。

水上应急救援工具：救生衣、救生圈、保温救生衣、救生艇、救生筏、救生信号、抛绳设备等。

活动流程

学生活动	指导要点
活动一　海上救援 1. 介绍:海上救援应急措施。 2. 思考:海上最常见的意外伤害致死原因	1. 提示:海上救援应急措施。 2. 小结:海上意外伤害发生时,受害者可能致死的原因有很多,要有充分的了解,尽量避免
活动二　探索近海的特性 1. 介绍:相关近海的特性。 2. 思考讨论:在近海活动时,需要注意什么	1. 提示:了解近海,知道潮汐、潮流等现象。 2. 小结:近海活动时,事先了解气象情况,如遇问题拨打求助电话 12395 也就是“123 救我”
活动三　探究水中遇险自我救护措施 1. 讨论:在水中常常会遇到哪些意外险情? 2. 探究:当碰到险情时,应该怎么处理? · 在海上救护时需要哪些器材? · 这些器材各有什么作用? · 如何选择合适、实用的器材? 3. 演练:海上溺水自救。 · 设计救援团队名称及旗帜; · 常见的抽筋、被长藤植物缠住、呛水等意外险情发生时的自我保护措施	1. 补充救护器材。 2. 小结:海上救护需要救生圈、竹竿、木板、轮胎、泡沫块、绳子等救护器材,对较清醒的溺水者施行救护要在保证自身安全的情况下进行。 3. 指导学生设计团名和团旗时,要有红十字精神。 4. 指导演示当遇到险情时的自我保护措施
活动四　实操心肺复苏 1. 讨论:当被救的溺水者意识不清时,该怎么办? 2. 探究:心肺复苏操作有哪些步骤? 3. 实操:练习心肺复苏	1. 提示:心肺复苏九个步骤。 2. 操作练习:纠正动作
拓展活动:溺水者可能发生的危险	

研习单

海上救援

团队简介

团队名称：飞豚海上救援团队　团队口号：安全、团结、有序

组长：心悦

团队队旗：

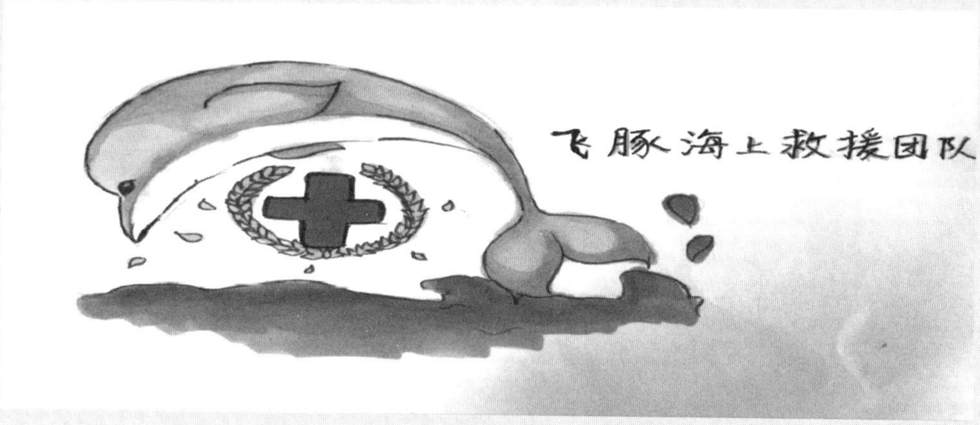

队旗设计意图：飞豚代表在海上生活的动物，可以跃出海面进行救援。红十字标识代表救助他人的“人道　博爱　奉献”的精神。

我的评价

通过学习，我知道了：在海上遇到危险时可以拨打救助电话12395，遇到问题要沉着、冷静；尽可能运用所学本领救助他人。

项　目	内　容	我给自己打★
安全意识	注意自身安全	★★★★★
合作意识	在学习与设计过程中，能与小组协作解决遇到的困难	★★★★★
设计与创意	设计的想法	★★★★★
	创意整体合理	★★★★★

设计者：夏秀静

模仿海洋动物

活动概述

通过创设学生驾驶游船航行到地球各个海洋区域的情境，进行单人或多人配合模仿海洋中各种动物的活动，在锻炼身体的同时，了解多姿多彩的海洋动物特征、海洋动物的基本知识，培养学生保护海洋动物的环保意识。

知识链接

学科：体育

活动内容：对应上海世纪出版股份有限公司少年儿童出版社出版的《体育与健身》(二年级第一学期)趣味活动：模仿动物爬行，对《模仿海洋动物》进行拓展探究。

海洋动物：海洋中的动物丰富多彩，不同地区都有标志性的动物，如南极的企鹅、北冰洋的北极熊、企鹅，还有海狮、海龟、鲨鱼、热带鱼、八爪鱼、珊瑚等。这些动物通过长期的进化，适应了环境，形成了鲜明的特色。海洋动物各有各的活动特点：海参靠肌肉伸缩爬行，每小时只能前进 4 米；海狮在陆地上和海洋中有完全不同的运动状态。它们对维护生态平衡有着重要的意义。

活动流程

学生活动	指导要点
活动一　模仿驾驶游船 分小组多人配合，创设情境，模仿驾驶游船，到全世界各地的海洋去旅游。 角色分配，组建“游船”。 A 组：船头 B 组：船身 C 组：指挥、驾驶室	1. 情境创设，引导学生进入角色。 2. 指导学生多人配合，“驾驶”游船。 3. 指导角色分配
活动二　模仿海洋标志性的动物 1. 单人模仿。 • 南极：模仿企鹅在陆地上和海洋中的不同运动状态； • 北冰洋：模仿北极熊、海狮等动物； • 热带海岛：模仿各种小丑鱼、鲨鱼等动物。 2. 双人、多人配合模仿。 模仿热带海岛的海蛇、八爪鱼等	1. 指导学生抓住动物的特点进行模仿。 2. 引导学生双人、多人配合模仿八爪鱼、海蛇等
活动三　小组合作，模仿珊瑚 小组合作，配合表演，模仿海浪中珊瑚的摆动	指导各小组摆出各种造型
拓展活动：课后搜集其他海洋动物的相关资料，了解它们生活的区域、生活习性和主要特征，并抓住特征进行模仿	

四 研习单

模仿海洋动物

团队简介

团队名称：海洋探索队　　团队口号：海洋动物是人类的朋友

船的名称：探索号　　组长：同同

活动开展

你想模仿的海洋动物

动物名称	生活区域	生活的习性	主要特征
企鹅	南极和周边岛屿、海域	以捕食海洋浮游动物为生	陆地上直立行走，行动缓慢；在海里身手敏捷
海狮	北太平洋寒温带海域，南美沿海海域	性情温和，多集群活动，视觉较差，但听觉和嗅觉灵敏。食物主要为底栖鱼类和头足类	陆上爬行主要靠前肢，后肢基本不动；海里游泳水平高超
螃蟹	各个海域都有分布	一般生活在海边、海底，杂食性动物，小鱼虾是它们的最爱	横向爬行，爬行时挥舞两个大钳子。招潮蟹爬行时挥动一个大钳子
章鱼	生活在水下，适应水温不能低于7℃	肉食性，以瓣鳃类和甲壳类（虾、蟹等）为食。能够随时变换颜色，是一种聪明的动物	有很多触角。用吸盘沿海底爬行，但受惊时会从体管喷出水流，从而迅速向反方向移动。遇到危险时会喷出墨汁似的物质
珊瑚	热带海域	白色幼虫阶段便自动固定在先辈珊瑚的石灰质遗骨堆上，珊瑚是珊瑚虫分泌出的外壳	形状多样，成片的随海浪摆动

海洋动物和陆上动物的比较

共同点：海洋动物和陆上动物一样，都离不开氧气、水，都要靠进食来维持生命。它们形状多种多样，颜色五彩缤纷。

不同点：海洋动物离不开海洋，要么生活在海洋里，要么靠在海洋里捕食为生。陆上动物则可以远离海洋生活。

我认为海洋动物与陆上的动物不同的原因：长期进化使海洋动物的身体特征、功能完全适应了海洋。

模仿时注意：要抓住海洋动物的主要特征，有的海洋动物需要双人、多人配合来完成模仿。

珊瑚虫的模仿

小组同学在操场上坐好，摆出造型，以身体作为珊瑚礁，高低错落，固定不动；以手臂模仿珊瑚虫，随口令依次摆动，模仿海浪中珊瑚虫的形态。

我的评价

通过海洋动物的模仿我知道了：海洋动物为了适应海洋环境，进化出了各种各样的形态和活动方式。

项目	我给自己打★	想继续了解的知识
知识了解	★★★★★	海洋动物进入淡水能生存吗？如果不能，为什么
创意模仿	★★★★★	
合作意识	★★★★★	
新发现	★★★★★	

设计者：王伟民

海员的海上生活

活动概述

通过了解海员的生活，对航海中海员的生活环境有一定的认识。在救援游戏过程中，学习解决实际问题的能力和团队合作的能力。通过写心愿、做心愿球和诉心愿这样一种自助和互助的方式，学会并领悟海员面对海上生活困难时积极乐观的态度。

知识链接

学科：心理(四、五年级)

活动内容：对海员在海上的生活进行探究。设计能帮助海员缓解身心压力的活动，学会积极生活。

海员：航行大海的船只的工作人员的统称。海员出海工作时长要看目的地是近洋还是远洋，短的几周，长的几个月，甚至半年、一年，但出海 18 个月后必须休息。由于海员长时间在海上生活，饮食单调、营养不均衡，时差、温差和地域等不断变化，由此所导致的睡眠不足都会引起海员生理机能紊乱，处于亚健康状态，进而会加重海员心理负担，引发身心疾病。

海员不仅要有强健的体魄、娴熟的业务技能，还要具备良好的心理素质、较强的环境适应能力和应对突发事件的应变能力，这样才能应对海上的突发状况。因此，海员职业对从业人员有相当高的职业素养要求。

活动流程

学生活动	指导要点
活动一　了解海员及其生活 1. 介绍海员分类。 2. 展示海员在航行途中的生活轶事	1. 提示:海员分类。 2. 小结:海员的航海生活环境对身心的影响
活动二　“海上救援”游戏 活动准备: 1. 用8块泡沫垫拼接出两艘救援船。 2. 分成男、女两组进行比赛,要求每组12人。 活动体验: 1. 各组学生在规定时间内合作完成救援任务。 2. 监督员对两组做好监督工作,清点好每组实际参与比赛的人数,检查有无违规行为	1. 提示:游戏规则。 2. 提出问题:怎样才能在泡沫垫上站最多的人。 3. 小结:比较两组在应对突发状况时的做法,增强团队合作的意识
活动三　心愿球 活动材料:每人一张彩色手工纸。 活动体验: 1. 说说你的心愿。 每人一张彩色手工纸,请小海员将自己的心愿或烦恼写在彩色纸上。 2. 做“心愿球”。 把写好的心愿纸折成皮球,扔进“蓝色的大海”。 3. 诉心愿。 想想可以为同伴做些什么	1. 提示:游戏规则。 2. 帮助小海员解决问题。 3. 小结:面对生活中的困难、挫折和不如意只有用积极乐观的态度才能使枯燥的海上生活变得充满乐趣
拓展活动:设计一个海员在海上缓解身心压力的活动	

四 研习单

海上生活乐趣多

团队简介

团队名称：海鸥战队　　团队口号：平安、勇敢、不屈不挠

组长：勇勇

组员分工情况：

(平平)是信息搜集员：搜集海员在海上生活的资料。

(安安)是活动策划者兼主持人：设计一个能放松身心的游戏活动。

(海海)是活动评委1：负责游戏的评判。

(洋洋)是活动评委2：负责游戏的评判。

活动设计

我们的设计意图：

通过“青蛙跳水”的游戏，活跃团队气氛，放松身心，消除防卫心理，觉察和体会不同的情绪，考验人的注意力和反应能力。

活动过程：

1. 8～10人围坐成圈。
2. 主持人说：“开始！”第一个人说，“一只青蛙”，第二个人说，“一张嘴”，第三个人说，“两只眼睛”，第四个人说，“四条腿”，第五个人说，“扑通！”第六个人说，“跳下水”。
3. 下个人继续开始：“两只青蛙”，第二个人说，“两张嘴”，第三个人说，“四只眼睛”，第四个人说，“八条腿”，第五个人说，“扑通！扑通！”第六个人说，“跳下水”……
4. 请两人当评委，听到有说错的马上喊“停”。
5. 失误者将被其他同学替换，游戏重新开始。

备注：剩余学生作为活动观察员，做好监督工作。

我的评价

通过了解海员的生活，我知道了：海员生活处处充满了挑战，虽然有很多的困难，但只要我们积极面对，就能让生活充满乐趣。

项　目	给自己打★	我的心情或想法
海员及其生活	★★★★★	丰富多彩的海员生活，让人遐想，让人惊叹
海上救援	★★★★★	团结互助才能战胜困难
心愿球	★★★★★	换个角度看问题，让生活充满希望
研学单设计	★★★★★	在合作中学习，在互动中快乐成长

设计者：胡憬民

海船安全标志

活动概述

通过学习海船安全标志、制作相关小报，提高海上识险、避险安全意识，感知标志在生活中的重要性。通过了解不同海船安全标志的含义和作用及其英语表达，丰富英语词汇，拓展英语应用面。

知识链接

学科： 英语

活动内容： 对应上海教育出版社出版的《英语》(五年级下册)(2012 年版)第三模块第一单元的(Module 3 Unit 1 Signs)，对标志进行拓展探究。

海船安全标志： 国际海事组织(IMO)标识，主要包括救生设备符号和防火识别符号。我国船舶上常见的安全标志主要采用《安全标志及其使用导则》(GB 2894—2008)或 IMO 的船舶标识、标志。它是向工作人员和相关人员警示工作场所或周围环境的危险状况，指导人们在海上采取合理行为的标志。安全标志通常分为四大类，即禁止标志、警告标志、指令标志和提示标志。课本中所学海船标志多为提示标志。

活动流程

学生活动	指导要点
活动一　了解海船安全标志的含义 1. 读一读:海船安全标志。 · 中文版; · 英文版。 2. 说一说:海船安全标志的含义。 3. 练一练:“研学单”中海船的英语安全标志与中文名称配对	1. 出示:中英文版海船安全标志。 2. 解释:图片标志含义
活动二　了解海船安全标志的作用 1. 看一看:安全标志的分类视频。 2. 练一练:“研学单”海船安全标志的作用及其分类	1. 提示:根据安全标志的分类选择海船安全标志的类别。 2. 总结:海船安全标志作用
活动三　辨别海船安全标志 你说我猜 1. 材料:每组 5 张海船安全标志卡片。 2. 分组:每组 4～5 人。 3. 游戏: 一名学生作为组长抽选一张卡片,并说出安全标志的中文含义,剩下的卡片由其他学生进行抢答,答对者拿到相应卡片,集得最多卡片的学生作为本组下一名组长继续游戏。 4. 评选:文明游戏安全员	1. 组织:分组并指导同学进行游戏。 2. 出示:海船安全标志卡片。 3. 提示:游戏规则和评选规则
拓展活动:设计海船安全标志英语小报,策划一次宣传活动	

四 研习单

小小海上安全员

海船安全标志配对

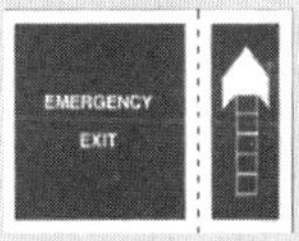

集合点

救生艇

带灯和发烟信号的救生圈

紧急出口

救生筏

海船安全标志特点

A. Read and fill in the blanks.

light liferaft emergency exit smoke assembly station

1. Look at this sign. The lifebuoy equipped with light and smoke.
2. He jumped into the sea and inflated the liferaft.
3. This man escaped by using the emergency exit.
4. If you hear the alarm, please go to the assembly station.

B. Choose and answer

1. I think these five signs we learned are __BC__.

A. warning signs B. instruction signs

C. information signs D. prohibitory signs

2. This sign is very useful because when we see this sign, we know where we can find the liferaft.

小组活动 制作海船安全标志小报

在学习了海船安全标志之后,请试着制作一张海船安全标志小报。

小组名称:海鱼

海船安全标志

Class: ________ Name: ________

This sign means we find the liferaft here. A lifeboat is a small boat kept on a ship for use in emergency, typically one of a number on deck or suspended from davits.

自我评价

我在本次学习中表现____________(填“优秀”“良好”“较好”)。

项　目	内　容	我给自己打★
规则意识	按步骤进行游戏	★★★★★
合作意识	在制作小报过程中,能与小组成员协作解决遇到的困难	★★★★★
探究与发现	了解海船安全标志的作用和分类	★★★★★
探究与实践	完成研学单,制作海船安全标志小报	★★★★★

设计者:武　佳